校企合作人才培养模式
与发展研究

—— 杨玉新 ◎ 著 ——

吉林出版集团股份有限公司
全国百佳图书出版单位

图书在版编目（CIP）数据

校企合作人才培养模式与发展研究 / 杨玉新著. --
长春：吉林出版集团股份有限公司，2022.9

ISBN 978-7-5731-2349-7

Ⅰ．①校… Ⅱ．①杨… Ⅲ．①高等教育－产学合作－
人才培养－培养模式－研究－中国 Ⅳ．①G649.2

中国版本图书馆CIP数据核字(2022)第182787号

XIAOQI HEZUO RENCAI PEIYANG MOSHI YU FAZHAN YANJIU
校企合作人才培养模式与发展研究

著 者	杨玉新	
责任编辑	田 璐	
装帧设计	朱秋丽	
出 版	吉林出版集团股份有限公司	
发 行	吉林出版集团青少年书刊发行有限公司	
地 址	吉林省长春市福祉大路 5788 号	
电 话	0431-81629808	
印 刷	北京银祥印刷有限公司	
版 次	2022 年 9 月第 1 版	
印 次	2022 年 9 月第 1 次印刷	
开 本	787 mm×1092 mm 1/16	
印 张	9.25	
字 数	207千字	
书 号	ISBN 978-7-5731-2349-7	
定 价	65.00元	

前　言

　　大学生面临的就业压力日益增大，如何平衡好大学生的就业问题不仅是高等教育的工作重点，也是大学生自身所关心的问题。在课程建设和改革中要想做好第二课堂建设，提高学生的实践与创新能力，不能仅依靠课程设计这一单一模式，还要与层次较高、规模较大的适配企业建立合作关系，构建校企合作人才培养模式，提升学生的就业主动性、就业率及就业质量。校企合作人才培养模式让学生将在学校学习的专业理论知识和基本实践技能应用在实际中，以巩固所学专业知识，做到学有所用、学有所长。企业培训或者实习实践，可以使学生得到充分的、真实的实践锻炼和技能提升，为学生高质量就业打下一定基础。

　　由于应试教育的观念在学生头脑中的影响根深蒂固，重视课堂理论教学及应试、轻视实践能力的培养和锻炼已成为普遍现象。校企合作人才培养模式不仅能提升学生的就业质量，还能提升学生的综合素质，完善高校课程改革建设。通过和优秀的适配企业建立合作关系，搭建实习实践平台，不仅能够更加完善高等教育人才培养体系，完成理论到实践的过渡，而且能对课程改革建设起到一定的指导作用。

　　校企合作育人不仅有利于实现高校与企业育人资源的整合，而且能够在提升学生专业素养、高校育人水平以及为企业持续发展提供人才支撑的基础上，促使三者实现共赢。

目　录

第一章 高校校企合作人才培养概述

第一节 校企合作办学模式概述

一、校企合作

2001年，世界合作教育协会将校企合作定义为："将课堂上的学习与工作中的学习结合起来，学生将理论知识应用于与之相关的获取报酬的实际工作中，然后将工作中遇到的挑战和见识带回学校，促进学校的教和学。"这解释了校企合作的方式及合作目标，虽然学校和企业是相对独立的部分，但学生往返于这二元中，进行知识和实践的整合。

我国职教学者黄亚妮认为："校企合作教育即在为社会教育和培训合格的劳动者这一目标下，开展职业院校与企业、行业、服务部门等校外机构之间的合作，将学生的理论学习和实际操作紧密结合起来，以提高职业教育的质量和未来劳动者的素质，增强企业部门与毕业生之间双向选择的可能性，最终促进社会经济的发展。"这进一步丰富了校企合作的内涵，阐明了校企合作的目标、主体、内容及合作带来的效果，并指出了学校、企业、行业等各方都应参与合作，扩大了合作范围。

目前，学界较为认同的概念是："校企合作是一种以市场和社会需求为导向的运行机制，是学校和企业双方共同参与人才培养的过程，以培养学生的全面素质、综合能力和就业竞争力为重点，利用学校和企业两种不同的教育资源，将课堂教学与学生参与工作有机结合，培养适合不同用人单位需要的应用型人才的教学模式。"从这一概念可以看出，校企合作的最终目的是提高学生的综合素质，学校和企业扮演着引导帮助、提供资源、创造机会的角色，强调校企双方的共同参与、共同培养，以实现学校和企业各自的目标。

二、校企合作模式

在国内关于校企合作的提法有很多，如"校企联合办学""产学研合作教育""产学合作教育"，等等。学者对于其概念虽然界定不一，但究其根本都包括：参与的对象主要是学校、企业或其他产业部门；参与的对象以各自的资源和环境优势参与合作，同时获得各自所需的资源或利益；培养的方式包括课堂教学与现场实训；培养的人才是符合生产、建设、服务、管理一线的技能型人才。校企合作源于国外合作教育（Cooperative Education），引入我国后最初被称为"产学合作教育"，后为了突出科技发展的时代特征以及与我国教育、科研、生产劳动相结合的提法，改为"产学研合作教育"。"产学合作教育"与"产学研合作教育"是不同时期的不同叫法，无本质区别。

目前，"产学研合作教育"的提法在高校和高等职业教育当中应用得较多，而在中等职业教育中，"校企联合办学""校企合作"的提法用得较多。由此可以看出，"产学研合作教育""校企合作""校企联合办学"的区别在于合作领域、范围、层次的深度与广度，亦无本质区别。因为本书的研究对象是高等教育，所以本书采用"校企合作"的提法。

《辞海》中对模式的定义为："模式，亦叫'范型'，一般指可以作为范本、模本、变本的式样。"模式是体系化的模型，提出了一种模型，即提出了一种范式，通俗而言，即指事物当中可以作为标准样式并推而广之的部分。

综合对校企合作的理解以及模式的定义，本书将校企合作模式定义为：高等教育当中所总结出来的满足企业人才需求并可以推而广之的实践教学样式。通过这种标准样式，高校可以利用学校与企业两种不同的教育环境和资源，采取课堂教学与学生参加实践教学有机结合的人才培养方式，培养适合生产、服务、建设、管理一线的实用型人才。

三、校企合作的理论基础

（一）福斯特的职业教育理论

福斯特是20世纪60代中期世界影响力最大的职业教育家之一，他以1965年发表的《发展规划中的职业学校谬误》享誉世界，该书包含了作者关于职业教育的思想观念，至今仍然影响着世界各国职业教育的发展。

首先，福斯特倡导"产学合作"的职业教育发展模式。福斯特认为应该改变现有的人才培养模式，发展多种形式的职业培训教育，而实现这一目标最重要的方法就是走"产学合作"的道路，即把职业教育和社会生产相结合。例如，实行工学交替课程，尽可能地在企业进行实践操作的训练，减少课堂教学和现实工作环境的差距，最终使学校本位的职业教育走向产学合作。由于福斯特提倡产学结合的人才培养模式，把人才培养和社会生产相结合，而社会生产与市场需求又是密不可分的，所以在此基础上他又提出职业教育必须以劳动力就业市场的需求为出发点。

其次，福斯特提出职业教育存在"技术浪费"的现象。福斯特认为造成技术浪费的因素有以下三个：一是国家为拉动经济提前培训某类人才，但是不符合现有的人才市场需求；二是所学非所用，即就业的岗位与所学专业不对口；三是由于职业前景与收入不理想，导致学生选择了与所学专业无关的岗位。对于这种浪费，发展中国家以及职业教育发展落后的国家应高度重视，应把技术浪费这一指标纳入职教评估当中。

（二）杜威的职业教育思想

杜威（John Dewey）是美国著名的实用主义教育家，他的思想诞生于20世纪。《民主主义与教育》是其标志性的著作与代表，其中阐述了他的教育学思想。在该书中杜威提出了"教育即生活""学校即社会""做中学""主动作业""儿童中心论"等著名理论，至今仍有重要的影响。杜威提出职业教育不仅要重视手足肢体能力的培养，更要注重知识的培养，使受教育者知道实用工业中所应用的科学方法，不仅要知其然还要知其所以然，把手与脑的训练相结合。因此，杜威反对把科学知识教育和动手实践能力相分离，不能只是单纯地培养某种机械型的技术工人，或者只是进行修身养性的文化教育。他认为，既要培养他们的技能，也要开阔他们的视野，提升他们的理论知识。在职业教育的课程设置方面，根据杜威的职业教育课程理论思想，职业教育的课程安排一定要保证学生有足够的时间进行实践活动，不能让职业技能的培训受教科书的限制，要把教材的学习和技能的训练结合起来，通过实践把理论应用于实际，在实践过程中不断地发现问题、解决问题，并从这一过程中获得职业经验。他提出的最精辟的"做中学"观点是现代进行职业教育的有效方法。为了实行"做中学"这种教学方法，他还提出通过"主动作业"的方式来实现"做中学"，把整个教学和学生个人以及社会生活联系起来，个人所获得的技能都是从职业活动中习得的。这也是他所主张的"教育即生活"观念的体现。杜威很重视他提倡的"从实践中学习的观点"，在这个观念的指导下，他开始不断地进行职业教育实践，认为从实践中学习不但使学生掌握了职业技能，还在很大程度上提高了学生的智力水平。

（三）黄炎培的职业教育思想

黄炎培是我国近代民主主义者和教育家，是中国职业教育理论的鼻祖，为我国职业教育的发展做出了卓越贡献。他经过不断的摸索和研究，对职业教育的办学方式、办学理念、办学目的提出了独到的见解。在他的职业教育思想理念中，我们不难看到重视实践教育以及合作教育的观点。首先，他提出了"知识与技能并重""理论与实践并行""做学合一""手脑并用"的教学原则，这也是他经过毕生的教育实践证明的有效原则。这一原则所包含的理论学习与实践活动相统一的思想，正是校企合作实质内容的体现。他把中国的传统社会划分为两部分，这两部分都是把读书与劳动分开的人：一是号称士大夫，是死读书却不进行劳动的；二是劳动者，是死用手劳作却不读书的。人类的文明是手和脑并用共同创造、推进的，因此只有把动手劳作与读书学习二者结合起来，才能解决理论学习与实践锻炼相脱离的问题。他还提出职业教育的最终目的是让学习者获得实用的生产能力，欲实现这一目的必须在学习和劳作过程中手脑并用。黄炎培还为中华职业学校设计了"双手万能"的校徽。这些观念都体现了他理论教学与实践学习相结合的教学原则。其次，他还强调学校的办学基础应该完全建立在社会的需要上，即什么样的学校培养什么样的人才，怎样办学、怎样培养人才都要以社会的需要为依据。他的这一观念告诉我们，高校的发展并不是孤立的，应该与社会发展这一背景相联系，把高校的发展建立在社会的经济基础之上。

（四）当代职业教育理念

理念是指人们对于某一事物或现象的理性认识、理想追求及所形成的观念体系。理念是行动的先导。教育理念是人们对教育实践及教育观念的理性建构，是教育改革发展的思想先导。职业教育高质量多元化发展，需要有新理念的引领。党的十九大报告提出要"完善职业教育和培训体系，深化产教融合、校企合作"，是新时代职业教育改革创新的指南，是职业教育发展类型教育的新理念。新时代职业教育理念，指导构建职业教育人才培养定位、模式和方法，调整专业设置，优化专业结构，夯实专业建设，科技精准扶贫，加快国际化"双师型"教师队伍建设。这为职业教育立足"人人成才、人人出彩"，立足人才培养专业结构以市场需求为导向，全方位服务国家、服务社会、服务行业的功能价值，夯实了基础。

1. 新时代高职教育创新发展的内生力

随着我国政治、经济、文化、社会的全面发展，职业教育历经了从边缘走向中心，从单一走向多元，从适应计划经济体制的办学模式走向适应市场经济体制的办学模式，从优化教育结构、服务经济社会发展走向促进就业和人的全面发展的几个转向。2015 年教育部发布了《高等职业教育创新发展行动计划（2015—2018 年）》，2019 年国务院印发了《国家职业教育改革实施方案》，随后教育部、财政部、国家发展改革委等联合陆续出台了"双高建设计划""1+X 证书制度""专业人才培养方案制订"等一系列关于职业教育的政策措施，旨在聚焦职业教育高水平、高质量的发展。以构建现代职业教育体系为契机，加快推进办学形式、育人模式、管理体制、保障机制等全方位的综合改革，建设一批高水平职业院校和专业，形成中职、高职、本科职业教育的人才培养体系，推动职业教育与普通教育融通共进。在深化"三教"改革，"岗课赛证"综合育人，形成高职人才培养和实际需要的良性循环，大力提升职业教育质量的同时，依托技术变革和产业升级需要，进一步细化产教融合、校企合作的办法措施，健全多元办学格局，畅通职业发展渠道，培养更多更好的高素质技术技能人才、能工巧匠、大国工匠，提高技术技能人才待遇，增强职业教育的社会认可度、吸引力和影响力。

2. 新时代高职教育高质量发展的新起点

据《教育大辞典》（增订合编本）的解释，"教育质量是教育水平高低和效果优劣的程度"，"最终体现在培养对象的质量上"。可见，教育质量反映了教育活动对培养对象的影响程度。教学活动培养对象的主体是人，教育水平和效果是通过所培养的人才质量来体现的，因此，教育质量最终表现为人才培养质量。强化内涵发展、特色发展、创新发展，以聚焦具有中国特色高水平职业院校以及专业建设为目标，扶优扶强、鼓励竞争，形成高职教育教学创新发展的新范式，瞄准高职教育教学发展的新起点，明确以服务为宗旨，以就业为导向，工学结合，校企合作，着眼内生动力，培育学生的职业道德教育和实践操作能力，在人才培养、专业设置、课程建设、教学手段等方面，形成特色化、市场化、国际化和信息化，促进高职教育高质量发展，示范引领高职教育高质量发展和优质化发展，实现高职院校整体办学质量和办学实力的提升，为职业院校未来发展增添新动力。

3. 新时代高职教育融合发展的新范式

"融合"是职业教育升级的前提条件，是职业教育发展的原动力。在融合中，遵循技术技能应用型人才的培养规律，明确现代职业教育思路和定位，找准教育学科建设方向和位置，把握全球产业发展、国内产业升级新机遇，将职业教育的培养目标、课程体系、育人方式等融入各类产业，对接市场，开放办学，确定就业需求，是夯实职业教育发展的基础，并且把产教融合、工学结合作为职业教育培养人才模式，主动参与供需对接，推动专业建设与产业发展相适应，形成中国特色高水平高职院校和专业建设计划。为了达到这样的目标，应不断完善体制机制，探索产教融合创新、突破和发展，探索职业院校、行业企业、科研院所、地方政府合作发展路径，搭建起教育链、人才链与产业链融合桥梁，拓展行业企业联合兴办高职教育路径，发动社会各界支持高职教育，提高人才和科技供给质量，提升服务技术变革和产业转型优化升级的能力。

4. 新时代高职教育功能拓展的新通道

《中华人民共和国国民经济和社会发展第十四个五年规划和 2035 年远景目标纲要》提出："坚持把发展经济着力点放在实体经济上，加快推进制造强国、质量强国建设，促进先进制造业和现代服务业深度融合。"当前，我国有 1.13 万所职业院校、3088 万名在校生，在现代制造业、战略性新兴产业和现代服务业等领域，一线新增的从业人员中 70% 以上来自职业院校。因此，在世界正经历着百年未有大变局之际，加快发展职业教育，培养社会急需的数以亿计的高素质技术技能人才，为我国在国际竞争中赢得主动，具有重要作用。为此，高职院校要在功能布局上深化拓展，进一步创新招生考试办法，创新教学组织和考核评价，实施分类教育教学，探索模式多元、学制灵活的学分制；建立健全职业培训标准，坚持学历教育与职业培训并举，开展高质量职业培训，探索"1+X"制度、学分银行，加快学历证书和职业资格证书之间相互衔接和互认，为高素质应用型、复合型、创新型技术技能人才持续成长拓展通道。

第二节 高校校企合作人才培养问题

当今社会，毕业生的就业问题已成为人们关注的热点话题。目前出现了用人单位招不到合适的人才、大学生找不到合适的工作的问题，当然这其中不乏专业不对口、大学生缺乏经验等各种原因，但笔者认为"学校与社会脱节"是最为根本的原因。随着科技时代的到来，校企合作人才培养的重要性日益凸显，对提升本科生的就业率具有一定的意义。

一、校企合作人才培养概述

（一）校企合作人才培养的内涵

校企合作人才培养作为一种实践教学与课堂教学相结合的方式，使学生很好地把二者结合起来，利用高等院校和企业的资源与环境，培养出能适应各个企业和单位用人需求的新型人才。

英语"Cooperative Education"是对校企合作的诠释，也被称为"合作教育"。世界合作教育协会把它定义为课堂学习与工作技巧学习的结合，从而更有效地使学生把书本理论知识应用于实际工作当中，因而我国也称之为"产学合作教育"或是"校企合作教育"。《国家中长期科学和技术发展规划纲要（2006—2020 年）》提出了我国当前一项重大战略任务是提高自主创新能力，建设创新型国家，而建立"校企结合人才培养的教育体系"正是实现这一战略的关键突破口。

（二）校企合作人才培养的意义

1. 校企合作人才培养能使学校和企业实现资源共享

学校拥有丰富的教学资源、优秀的师资队伍与教学经验；企业求贤若渴，是人才的天然实习基地。学校可以将企业作为学生的实习基地，进行大量的实践教学，使学生深入企业一线，与企业面对面交流，把握行业动态，提升就业率。

2. 校企合作人才培养能够实现学校与企业的无缝对接

校企合作人才培养克服了传统办学人才培养与社会需要不一致的困难，打破了传统教育重理论轻实践，二者严重脱节的弊端，减轻了企业培养人才的成本。

二、校企合作下创新创业人才培养模式存在的主要问题

校企合作是突破人才需求瓶颈、改善人才供给的主要手段之一，是高校与企业形成"共生、共进、共创"良性循环的主要平台。目前，各地方院校尤其是转型发展中的应用型本科院校无一例外地将校企合作作为转型发展的试金石。值得肯定的是，校企双方以合作形式共同进行人才培养的探索和改革一度取得了丰硕的成果，但在实施过程中仍存在一些问题。

（一）校企合作方案与监督机制不完善

人才培养的良性循环和可持续发展是校企双方合作的主要目标，是衡量高校办学水平、企业综合实力的风向标。合作方案与监督机制是校企合作向纵深推进的前提，是保障双方在实际运行中实现互利共赢的规则定律。

目前，部分校企合作的方案和监督机制尚不完善，主要表现为两个方面。一是高校和

企业双方就专业方面，在合作前期、中期、后期过程中，签署的合作方案并未有效地标明双方应尽的义务、责任，条款中的合作方式不明确、合作内容空乏、合作机制单一，持续性较差，对于合作双方未标明具体的时间，漏洞较多，签约更多的是为了增加"数量化"的业绩考核而开展合作。二是针对学生知识、能力、素质的培养，尚未构成全面的考核、考查体系，缺少评价机制和监督机制，致使某些专业的校企合作形式大于内容。学校将学生派往企业进行实习后没有进行跟踪和调查，学生的具体表现企业无反馈、学校无监督、校企双方无交流。这种校企合作既耗费了双方资源，又耽误了时间，最终使人才培养的达成度无法实现。

因此，制订合理化的方案和监督机制，对促进高校和企业人才链、培养链、创新链的形成有着重要的意义和价值，对校企合作模式下的人才培养模式改革有着较强的导向作用。

（二）"双创"课程和项目"影子化"过重

"大众创业、万众创新"作为国家战略，深刻影响着应用型本科高校人才培养的内涵式发展。以创新创业培养方案、课程体系、实践模块、项目设计等为代表的改革内容，不断深化人才培养模式，很好地形成了高等教育与创新创业教育的融合发展路径。从创新思维的引导到创业能力的提升，"创新创业"指明了高校本科专业人才培养的新方向，越来越多的高校开始重视创新创业教育。但是，大部分高校只是在课程体系设计上增加了创新创业类的通识课程，如"创新创业基础""创业精神"等，对于专业教育与创新创业教育的深度融合模式和方法比较欠缺；在项目设计上，开展大学生创新创业训练计划，以项目推动高校学生创新精神和创业意识的养成，将专业知识与社会需求密切结合，以研发转化成工业、文化、科技、艺术等相应成果，但在实施过程中，部分学生追逐"项目化"影子过重，使项目不能持续有效地落实到位，对激发其创新思维的持久性有一定影响。不管是课程还是项目，开设的目的是激发并提升学生的创新创业能力，但目前的培养手段和模式，难以形成有效意识的融入和切入，应将创新创业教育贯穿人才培养的全过程，引入企业资源，从模式、师资、课程、体系、实践、创新、创业等方面，由高校和企业联合培养专业人才。

（三）校企双方教师的互动性不强

专业师资是专业教育的领导者，是成功打开创新创业教育的关键环节，是完成人才培养模式改革的设计者。在校企合作过程中，师资共享是合作基础，企业导师进入高校参与教学授课，将应用型知识带入课堂，实现职业知识与课堂知识的融合；高校专业教师进入企业，为企业员工进行继续教育，提升企业员工的知识和能力，同时在企业环境下，教师也会不断加深对创新创业的理解。然而实际情况是，校企协议签订后，专业教师与企业导师的互动性不强，企业导师因生产和工作的需要有时难以承担课程授课；高校教师因过于繁重的教学和科研任务，只是偶尔到企业进行授课或学习。同时，企业导师与高校教师在教学方法、课程设计、创新意识、就业创业等方面交流过少，无法形成行之有效的教学意见和建议。此外，校企合作在师资建设上的规划形同虚设；这样下去，对人才培养效果以及创新创业意识的引导将产生巨大影响。

三、校企合作人才培养的政策基础和意义

（一）实施校企合作人才培养的政策基础

新建本科院校是指 1999 年我国高等教育扩招以来建立的本科院校。这些新建本科院校主要布局在非省会城市。截至 2015 年 5 月，我国在非省会城市设置新建本科院校 208 所，占全部新建本科院校的 51.6%。全国现有 339 个地级及以上城市，新建本科院校分布在 196 个城市。2015 年以来，非省会城市设置的新建本科院校还在增加。我们把这些设置在非省会城市的高校称为新建地方本科院校。这些新建地方本科院校建立时间不长，有的还处于初创期或由初创走向成熟的路上，其本科办学水平和人才培养质量都不高。

本书所指的"校企合作"即校企联合进行人才培养的一种教育合作模式，也就是利用学校和企业各自不同的教育环境和教育资源，以提高学生的实践动手能力为主要目标，以校企双向参与、深度融合为基本形式，将高校课堂学习与行业（企业）学习结合起来，培养生产一线实际工作者的合作行为。在我国，校企合作实践探索早已开始。20 世纪 90 年代，《关于印发〈面向二十一世纪深化职业教育教学改革的原则意见〉的通知》提出，职业教育教学工作必须贯彻产教结合的原则。2010 年，《国家中长期教育改革和发展规划纲要（2010—2020 年）》提出，加强学校之间、校企之间、学校与科研机构之间的合作以及中外合作等多种联合培养方式，制定促进校企合作办学法规，推进校企合作制度化。近年来，我国经济发展步入新常态，迫切需要大量高素质应用型、技术技能型人才。2015 年，教育部等三部委联合颁发了《关于引导部分地方普通本科高校向应用型转变的指导意见》（以下简称《意见》）。《意见》指出，引导部分地方普通本科高校向应

用型转变，推动转型发展，高校把办学思路真正转到四个方面，即转到服务地方经济社会发展上来，转到产教融合校企合作上来，转到培养应用型、技术技能型人才上来，转到增强学生就业创业能力上来。2015 年，《国务院办公厅关于深化高等学校创新创业教育改革的实施意见》提出，探索建立校校、校企、校地、校所以及国际合作的协同育人新机制。2017 年，《国务院办公厅关于深化产教融合的若干意见》指出，教育和产业"两张皮"问题仍然存在，要校企协同，合作育人。2019 年，党中央、国务院下发的《中国教育现代化 2035》指出，持续推动地方本科高等学校转型发展，探索构建产学研用深度融合的全链条、网络化、开放式协同创新联盟。

应用型人才，是指将专业知识和技能应用于实践的一种人才类型。应用型人才熟练掌握生产或社会活动一线的基础知识和基本技能，主要从事一线生产的技术或专业。

（二）为什么新建地方本科院校要开展校企合作人才培养工作

首先，新建地方本科院校以培养应用型人才为主。根据生产或工作活动的过程和目的，可将人才类型分为学术型人才、应用型人才两类：学术型人才是发现和研究客观规律的人才；应用型人才是应用客观规律为社会谋取直接利益的人才。人才类型决定教育类型，而教育类型又影响着学校类型。伴随着我国产业结构的转型升级，应用型高等教育在经济发展中的作用日益凸显。新建地方本科院校的办学定位为发展应用型教育、培养应用型人才。近年来，我国出台了系列政策和文件，持续推动地方本科高校转型成为应用型高校。2016年，国家设立"'十三五'产教融合发展工程规划项目"，以中央财政和省级配套财政重点支持 100 所转型发展示范校建设。新建地方本科院校以培养应用型人才为主，是我国教育政策的导向，并日益成为新建地方本科院校的自觉行动。

其次，校企合作是新建地方本科院校培养应用型人才的有效途径。要将学生真正培养成为适应地方经济社会需要、对接岗位需求、实践动手能力强的应用型人才，离不开校企合作。新建地方本科院校要通过校企合作来实现应用型人才的培养，这是由它的定位决定的。从培养目标来看，新建地方本科院校培养的是从事高技术工作的应用型本科专门人才；从培养规格来看，新建地方本科院校以地方和行业需求为本位，致力于培养学生解决实际问题的综合能力和实践动手能力，使之成为应用型人才。新建地方本科院校要通过校企合作来克服自身应用型人才培养的弊端。新建地方本科院校相对于企业而言在实践操作、技术应用方面比较欠缺，而企业的优势是具有丰富的应用知识、技术技能和实践经验，这恰恰弥补了新建地方本科院校人才培养功能的不足。从应用型人才培养方案的设计，到应用型人才培养的过程，再到应用型人才培养的达成，通过学校与企业的共同参与，可以解决新建地方本科院校人才培养与社会需求不一致的困难，破解人才培养理论与实践脱节的难题。

四、校企合作人才培养的对策建议

（一）完善政策法规，明确地方政府统筹校企合作人才培养的职责

第一，出台相关政策，制定相应法规。新建本科院校转型发展由试点改为实施，建立应用型人才分类培养体系。制定应用型本科院校专业建设标准、课程建设标准、师资队伍建设标准、实践条件建设标准等系列标准，促进教育教学与生产实际、行业职业资格标准的联系。对应用型本科高校加大支持力度，持续开展转型发展示范校建设、产教融合型城市和企业建设。改进办学准入条件和审批环节，鼓励有条件的企业参与举办应用型高等教育。探索推进股份制、混合所有制改革，允许企业以资本、技术、管理等要素参与办学。制定本科院校校企合作法律、法规，明确地方政府、高校、行业、企业在校企合作育人中的责、权、利，同时加强检查、考核及评估。相关法律、法规对校企合作人才培养应有硬性规定，明确地方政府在校企合作人才培养方面的职责，把支持应用型教育发展作为考核地方政府政绩的组成部分。制定有关行业协会法规，发挥行业协会的指导作用。

第二，建立地方政府统筹校企合作育人机制。地方政府必须肩负起发展应用型本科教育的职责，统筹协调构建本地区应用型本科院校校企合作育人机制。在国家宏观政策框架内，从推进本地区经济社会发展的角度，在政策倾斜、税收优惠、物质奖励、投融资等方面出台地方性法规，要求企业参与校企合作育人，对参与积极的企业实行税收减免政策，在社会评选、评先、评优活动中优先考虑。负责对本地区校企合作教育教学规范的制定、教学质量的检查与评估。加强本地区校企合作人才培养的宣传，营造良好的社会环境。牵头建立本地区校企合作育人发展基金，多方筹措资金，既要有政府财政的投入，也要有行业、企业、院校等部门的投入，还应有社会力量参与以及个人捐助等。

（二）深化教育教学改革，提高新建地方本科院校人才培养水平

新建地方本科院校要转变办学观念和人才培养理念，积极推进转型发展。要形成校企合作、产教融合的共识和自觉行动，在教学、科研工作中强化应用导向。要增进合作共赢意识，加强学校、企业文化共建，并融入校园文化建设。建立本科院校办学理事会制度，

政府职能部门、行业企业、科研院所、社会组织等多方参与。深化办学体制改革，在一些技术性、实践性较强的专业中，可推行现代学徒制和企业新型学徒制。吸引企业与学校共建、共享办学资源。积极与地方、企业、行业合作，建设创新创业基地或校外大学生创业园。建设专业化、市场化校企合作信息平台，依托平台汇聚本地区和行业人才供需、校企合作、项目研发和技术服务等信息，提供信息发布、推荐和相关服务，经常性地举办各类信息发布会、对接会。推动与企业建设"双师型"教师培养培训基地、企业员工继续教育培训基地。探索设置符合应用型高校特点的教师资格标准和专业技术职务（职称）评聘办法。建立教师实践假期和挂职锻炼制度，支持教师到企业实践和挂职；设立"双带头人制度"。调整专业布局，优化专业结构，专业链对接产业链，打造地方急需、特色发展的专业集群；适应、融入本地区新产业、新业态，瞄准当地经济社会发展的增长点改造传统专业，建立新专业。建立政府、行业、企业参与的教学指导委员会，规划专业设置，制订人才培养方案；与行业企业共同分析专业发展趋势和应用型人才的能力结构，构建符合应用型人才成长规律的人才培养模式和课程体系；引导企业参与日常实践教学，接纳学生进行教学实习和顶岗实习；参与毕业生就业指导及职业生涯规划，辅助跟踪毕业生职业成长和发展等。兼顾政府、行业、企业的诉求和利益，组织师生参与地方社会管理和服务、企业服务等，参与企业技术、工艺改进和科研攻关、技能培训、企业文化建设、子女教育等。

（三）发挥学校办学平台作用，构建校企合作人才培养的长效机制

第一，建立管理机制。制定大学（学院）章程，明确校企合作在高校办学中的地位和作用，明确校企合作育人职责，理顺管理体制，改革育人机制和模式。成立校企合作日常管理机构，吸纳地方政府、行业、企业的领导、专家、工程技术人员参与地方本科院校的办学活动。校企合作双方应制定相应制度，加强运行管理，如制定《校企合作协同育人实施办法》《教师挂职工作手册》《企业员工校企合作指导工作手册》《实习生行为规范》《实习生管理手册》《企业对实习生管理规定》等文件。制定校企合作协议文本和人才培养协议，人才培养协议由学校、企业和学生三方共同签署。探索建立校企合作双方利益平衡制度、协调处理问题制度、校企合作"准就业"制度、保护学生合法权益制度。

第二，建立合作机制。包括投入机制、风险分担机制、成果与利益分享机制。

第三，建立运行机制。加强基于市场运行的校企合作人才培养管理，对校企合作人才培养做好制度设计，包括培养目标、培养方式、实施程序、效果评估等。建立学校与企业合作的基本管理流程制度，确保合作的规范性与有效性。

第四，建立考评与激励机制。学校对校企合作协同育人效果进行自我评价，将校企合作活动的开展作为提升学校教育教学质量的重要指标，全面将校企合作协同育人效果纳入年终综合考评。制定鼓励性政策，包括教师下企业制度、校企合作教学、科研激励制度以及工作量核定制度等相关教育教学管理制度。评选优秀实习基地、优秀指导教师和优秀实习（见习）学生。

第五，建立沟通机制。建立多形式、多渠道的合作沟通方式，形成沟通反馈机制，保证问题沟通的准确性与时效性。

（四）发挥企业的重要主体作用，充分调动企业校企合作人才培养的积极性

鼓励企业依托或联合学校设立产业学院和企业工作室、实验室、实践基地等。支持、引导企业深度参与合作高校教育教学改革，用多种方式参与专业规划、教材开发、教学设计、课程设置、实习实训，促进企业人才需求融入学校人才培养各环节。推行面向企业真实生产环境的人才培养模式。鼓励采用引企驻校、引校进企、校企一体等多种方式，吸引企业与学校共建、共享生产性实训基地。通过探索购买服务、落实税收政策等方式鼓励企业接收学生实习实训。探索建立教学实习、就业和科研一体化基地，发展订单教育等人才培养形式。加快发展学生实习责任保险和人身意外伤害保险制度。推动学校招生与合作企业招工相衔接，发挥校企育人"双重主体"、学生学徒"双重身份"作用。支持企业、学校、科研院所围绕产业关键技术、核心工艺和共性问题开展协同创新，引导高校将企业生产一线的实际需求作为工程技术研究选题的重要来源，鼓励师生参与。加强校、企双方人才培养互动，鼓励企业向高校购买继续教育培训服务。

（五）构建"三级化"项目实践平台体系

实践平台体系是提升人才培养质量的关键因素，有利于增强学生的创新素养和创业能力，提升学生的综合实力。以项目创新、项目研发、项目创作为主体，将学生的专业知识、素质、能力有效地融入项目实践平台，不断实现生产力的转化，真正激发学生群体的创新精神和创业意识。三级平台由高校、学院、企业组成，合理设置实践项目群，如专业竞赛项目、大学生创业项目、创新创业项目、科研项目等，由企业导师、高校教师联合组成指导教师团队，辅助学生开展创新创业活动。高校在校内项目实践上，积极释放政策红利，出台保障机制措施，加强项目管理，避免追求"项目功利化"，逐步制定各类项目完成标准；学院在院内开启项目工作室模式，由指导教师带领学生完成各类项目；企业可采取招

投标的方式，坚持需求导向，对市场转化率较高、创新实力较强的学生项目，进行融资孵化。通过校、院、企三级化的实践平台，使学生的创新创业思维、方法、能力与项目有效深度融合，以项目创新驱动为依托，将项目实践平台融入人才培养的全过程，为学生未来的就业创业打下坚实的基础。

（六）构建"两层化"师资融入机制

高校层面和企业层面是融入机制的两个层面，合理的融入机制有助于校企合作工作的开展。师资融入是高校和企业的切实需求，高校依靠企业导师开阔学生的眼界，培养学生的职业精神和创业意识；企业依靠高校教师的科研成果、教学成果进行战略设计、产品转化、员工培训，二者之间联系密切，相互支撑。因此，融入机制首先应该明确双方的权利、义务、责任，对高校教师和企业导师进行具体要求，设立评价体系和监督机制，规范奖惩文件，从合作根源上形成制度框架，彼此进行约束；其次，校企联合建立创新创业师资团队，发挥各自优势，完成各方教师在教学课堂、创新工场、创客基地中的角色定位，以教师引领为主导，以学生大学四年全程参与的形式开展创新创业课程、教学、实践等活动；最后，坚持打造精品化的师资培训体系，校企双方打开大门，不定期开展企业实践交流活动和高校学术活动，双方人员共同学习、互动交流，形成较好的学术氛围，有效地促进教师创新创业意识的提升。

（七）构建特色鲜明的创新创业课程体系

创新创业课程体系并不是简单地开设几门课程，而是围绕人才培养目标科学合理地设计创新创业课程群，根据课程群制定教学目的和课程要求，体现知识、能力、素质与课程本身的达成度。针对不同专业的特点，可建立模块化课程群，包括创新创业专属课程群和专业融入型课程群、创新实践型课程群、创业训练型课程群。该课程群是在专业必修课和选修课的基础上，根据学生对知识、技能的掌握情况，按照课程间的逻辑关系、前后顺序、应用程度，将课程进行分拣、划分、组合及重新设计，形成科学系统的课程体系。同时，不断改革学时与学分要求，以创新创业为标准，加大专业课程中实践教学的学时和学分，增加创新创业学时，保障创新创业学分，将创新创业课程融入专业课程体系和实践教学体系。最终，在人才培养方案的设计上，以创新创业为内涵，建立跨学科、跨专业立体融合式的创新创业课程体系，将具有一定专业特色的通识教育、专业教育、创新创业教育、实践教育与企业需求完全对接，进而达到校企双方的实际需求。

　　校企合作、产教融合是新建地方本科院校转型发展的必由之路。新建地方本科院校校企合作人才培养是一项系统工程，政府要从深化高等教育改革和推进我国产业转型升级的高度，完善政策，加大支持，新建地方本科院校和企业要促进价值融合，努力构建利益共同体，真正实现高校人才培养与企业的无缝对接。校企合作应贯穿人才培养的全过程，包括专业设置与改造、专业人才培养方案制订、课程内容与课程资源开发、师资队伍建设、实践平台建设、教学改革、教学质量保障体系建设、职业规划与就业等，每一个环节都要有行业企业参与。要营造校企合作人才培养的良好环境，构建良性机制，积极推进新建地方本科院校应用型人才的培养，更好地服务所在地区经济社会的发展。

第三节　高校校企合作人才培养之责任主体

　　应用型本科高校的发展要求其与企业开展校企合作，产教融合实现协同育人。目前，应用型本科高校在校企合作模式上已进行了积极探索，如"3+1"人才培养模式改革、嵌入式人才培养模式改革等。可以说，企业的需求已经成为应用型本科高校人才培养的出发点与落脚点。但在我国，企业并不承担教育责任，即便接受高校学生毕业实习也是基于经济利益的相关合作，而非义务。既然我国的企业不承担教育的责任，那么企业在与高校合作培养人才的过程中，到底扮演何种角色，肩负何种责任，是值得我们深入思考的问题。

一、校企属性的对立统一

（一）对立性

　　对立性主要指应用型本科高校的非营利属性与企业的营利属性的对立。《中华人民共和国教育法》明确规定："以财政性经费、捐赠资产举办或者参与举办的学校及其他教育机构不得设立为营利性组织。"应用型本科高校多为地方公办院校，少数高校在章程中也明确了其非营利属性。即使少数地方政府出台了相关激励政策，允许高校获得一定的经济效益回报，但其非营利属性并没有因此改变。企业是以营利为目的的经济组织，营利是其标志。企业如果得不到利益与好处，会对接受大学生实习、实训抱有抵触或逃避的态度。因此，应用型本科高校与企业在价值取向上的不一致，造成了校企合作的结构性对立。

（二）统一性

唯物辩证法认为，矛盾是指事物内部或事物之间的对立统一关系。高校与企业之间虽然存在属性的对立，却在高校如何才能培养出符合社会需求的人才上得以统一。众所周知，高校是社会需求人才的供给方，企业是接收方。如何培养出"适销对路"的社会需求人才，校企合作无疑是最有效的路径。当前，企业常称自身"用工难"，其原因主要是招聘的大学生只是"人才毛坯"，入职后往往需要企业进行再投入、再培训才能被塑造成企业所需的人才。这也是高校毕业生"就业难"的一个重要原因。为此，加强高校人才培养过程中与生产实践的结合，增强应用型本科高校在人才培养过程中与企业的互动，主动适应经济社会的发展要求，瞄准市场需求，才能有效地平衡高校与企业之间的供需关系，培养出"适销对路"的应用技术型人才。

二、校企合作人才培养中的责任主体分析

在我国，企业的教育责任没有被明确，更无法律法规作为依据，规范我国企业教育责任的法律是缺位的。这就导致校企合作人才培养过程中，企业教育责任的履行缺乏法律法规的保障，校企合作只是高校与企业双方相关利益的"买卖"，唯一的法律依据就是高校与企业双方签订的校企合作人才培养协议。协议中因双方对权利与义务的履行实行相互监督，缺乏第三方机构的介入，从而导致协议在履行过程中存在一定的风险。例如，应用型本科高校在与企业嵌入式专业合作过程中，因为企业的转型重构致使合作协议提前终止。在这种情况下，学校制订的教学计划和培养方案被打乱，学生的前途也因此受到严重影响。此时高校仅能依据合作协议追究企业经济上的责任，而由此带来的实质性的教育损失却并非经济赔偿所能弥补的。基于此，笔者认为我国在校企合作人才培养方面缺乏应急预案和法律保障。另外，企业专家和工程师等师资力量的高流动性，也深刻地影响着校企合作人才培养的质量。为此，在校企合作人才培养过程中，必须厘清各方的主体地位与责任，寻求第三方的介入监督，以确保校企合作人才培养质量。目前校企合作中的责任主体模式主要有以下几种。

（一）单责任主体

在应用型本科教育建设初期，由于企业教育责任上位法缺位，使得校企合作人才培养

的主体呈单向性，即单责任主体，且这一主体不容置疑地是应用型本科高校。在这一时期，校企合作人才培养的招生计划由应用型本科高校编制上报，招生、管理也由其负责，培养则由应用型本科高校和企业联合实施，且以前者为主；学生毕业时也由应用型本科高校审核颁发学历学位证书。同时，在转型发展初期，为了实现应用技术型人才的培养目标，应用型本科高校必须积极主动地向企业靠拢，寻求与企业的联合。这种单向的、一厢情愿的校企合作，通常很难与企业形成真正的合力。加之应用型本科高校建设初期人才培养特色和优势尚未形成，企业短期内无法获得人才红利，在校企合作中多扮演"配角"。因此这一时期校企合作人才培养过程的主体必然是单向的应用型本科高校。

（二）双责任主体

双责任主体是指校企合作人才培养过程中，企业和高校双方担负着同样的教育主体责任，双方都是应用型人才培养的主体。这是校企合作人才培养的最佳状态。企业和高校均履行教育的主体责任，这是应用型本科高校发展的必然结果，但这一结果的实现，必须有国家政策法规的保障和企业理念共识作为支撑。众所周知，企业需要好用、管用、实用的且符合其自身特色的应用型人才，而这类人才只有企业与应用型本科高校进行深度合作才能培养出来。为此，企业必须支持应用型本科高校的发展和应用型人才的培养，且要上升到为自己应尽的责任和义务，形成"你中有我，我中有你"的合作关系。

校企合作的双责任主体在校属企业中尤为突出。这样的企业除了通过校企合作人才培养协议将企业与高校捆绑在一起外，还有企业隶属学校的从属性，所以此类校企合作的双责任主体更为明确清晰。

（三）多元协同

邵进教授认为，应用型人才重在能力培养，其教育主体应具有多元化特征，除高校以外，政府、科研院所、行业企业均有各自独特的人才培养优势和条件。首先，必须认识到地方政府的大力支持是应用型本科高校人才培养的必要条件。在我国，政府是高等教育资源配置的主体，是高校经费的主要来源。其次，应用型本科高校的人才培养必须符合社会的实际需要，而社会实际需要的最终落脚点就是企业的需求。所以应用型本科高校必须与企业深入合作，准确判断企业的实际需求，才能正确地预测未来社会发展对应用技术型人才的要求。最后，应用型本科高校的发展必须与区域经济社会发展相契合。潘懋元教授认为，应用型本科高校要根据所在地区的特点灵活设置专业、招录生源、配置师资，通过融合政府、行业与社会等各利益主体的资源要素，建立多种合作主体协调发展的管理机制，在履行大学文化传承和服务社会发展使命的实践中，实现与社会共赢发展和特色化发展的目标。

以上是应用型本科高校校企合作人才培养过程中的三种责任主体模式。当前我国企业教育责任履行的上位法的缺位和行业协会的法律依据的缺失，严重制约着校企合作的深入开展和人才培养过程中企业教育责任的充分履行。在应用型本科教育建设初期，"单责任主体"模式占主要地位。该模式受限于我国高等教育政策的客观因素，把人才培养责任大部分归于高校，而企业的参与更多的是"经济利益"的追逐，而不是"社会责任"的履行。在这方面，我国可借鉴德国经验，从国家层面出台法律法规，明确行业企业的教育责任与主体地位，使"双责任主体"成为校企合作人才培养的最佳模式。但基于国情，我国校企合作的"双责任主体"模式的充分发挥，不能像德国那样完全由行业企业主导，而必须凸显政府的主导作用。因为我国有许多由政府主办的科研院所、大型企业，应充分发挥它们在校企合作中的积极作用，建构政府主导、企业事业单位协同育人的模式，强调其培养的责任主体作用，肯定其培养的责任主体地位，这就是上文论述的"多元协同"模式。

三、德国"双元制"校企合作的启示

（一）德国"双元制"校企合作

德国"双元制"是一种国家立法予以保障的校企合作共建办学制度。它的成功主要归功于以企业为主体的办学机制和以职业能力为核心的人才培养目标，以及以市场需求为导向的运行机制。其合作共建流程，即先由符合条件要求的学生向由德国政府性机构改组的具有一定竞争能力的服务性企业——德国联邦劳动局提出申请，接着由其介绍到一家企业，并与企业签订劳动培训合同，获得培训资格，同时到相关院校登记取得教育学习资格，然后由企业和院校合作共同培养。在培养过程中，企业会广泛参与到院校的课程开发、专业设计、培养模式制定等工作中去，并承担院校 70% 以上的实践课程教学工作。

德国"双元制"校企合作具有以下显著特点：一是政府出台政策使校企合作制度化；二是校企合作属双责任主体，即学校和企业都是人才培养的主体，且企业的重要性更为突出；三是企业的教学时间远远大于学校的教学时间；四是企业参与的积极性高。我国学者指出，德国的"双元制"校企合作模式是德国职业教育发展的核心，是促进德国经济发展的利器，它的成功主要得益于政府的重视、社会的认同、企业的参与和可持续发展的教育形式。

（二）德国"双元制"对我国地方应用型本科高校发展的启示

其实，德国的"双元制"校企合作模式与我国职业教育的校企合作定向人才培养模式非常相似，却与应用型本科高校的校企合作人才培养模式不同。德国"双元制"校企合作模式与我国职业院校的相近之处主要体现在人才培养的定向性上。职业院校为企业定向培养人才，相当于学生与企业之间提前签订了就业合同，有针对性地为企业培养实用型人才。职业院校应企业需求设置教学大纲，制订人才培养方案，企业参与人才培养的全过程，尤其是学生的实践教学环节基本由企业承担。我国职业院校的定向人才培养与德国校企合作"双元制"的最大区别就是没有明确企业在人才培养过程中的主体性定位和主体性教育责任。

应用型本科高校培养出的学生，毕业后要面向市场，实行自主择业。他们与企业之间没有签订培训契约合同，这与德国"双元制"模式截然不同，更遑论企业的主体地位与责任了。当前，应用型本科高校是校企合作人才培养的唯一主体，即"单主体"，且对人才的培养负全面责任；企业只是处于从属地位的人才培养合作单位，其从经济利益出发，借给高校企业资源，用于人才培养的一个载体，应用型本科高校借助这一载体，培养具有"专业类域"的、适应社会需求的人才。所谓"专业类域"，是指应用型本科高校的人才培养规格与要求，即适应发展需求的具有"专业属性"所需的通用理论知识和实践研究与开发的能力，强调的是专业的"面向""类域"能力。应用型本科高校要培养出具有"专业类域"能力的适应社会需求的应用型人才，可借鉴德国"双元制"模式的经验，下面从三个方面展开思考。

1. 立法保障

首先必须肯定企业在教育责任履行中不可或缺的作用。我国应借鉴德国经验，从国家层面立法，明确政府、企业、高校各方的责任与义务。其中地方政府代表国家对企业教育责任的履行进行监督，并依据国家法律法规主导校企合作建设，建立地方企业资源库，并从中遴选稳定性强、具有行业代表性的、综合实力过硬的企业与地方高校进行校企合作，充分发挥校企合作人才培养过程中政府的主导性责任和企业在校企合作人才培养过程中的教育责任。这可以有效地防范前文中提到的假设情况，即在遇到企业转型重构而迫使校企合作中断时，校企合作的人才培养能够在政府的主导下迅速从资源库中找到新的合适的合作企业，从而保证校企合作的顺利进行，保障人才培养质量。同时，地方政府要出台相关支持鼓励性政策，如人力、财力方面的倾斜，企业税费减免等。当然，政府也可以借鉴德国经验，委托第三方履行监督保障责任，如成立专门机构从事职业教育中校企合作人才培养的中介协调工作。

2. 政府、企业、高校三方的协同联动

在德国"双元制"办学模式中，国家的立法保障和代表政府进行中介协调的德国联邦劳动局与企业、高校之间已经形成一种相互协同的合作伙伴关系，做到了"你中有我，我中有你"。国家的立法保障体现了国家的宏观控制，代表政府的德国联邦劳动局的具体管理体现了政府的中介协调与保障监督作用，企业与高校的协同育人体现了二者的双边主体责任。企业把履行教育责任当作国家与社会对其资质和实力的认可，这是企业的无形资产。另外，随着科学技术水平的提高与生产方式的转变，企业对人才的需求越来越高，通过校企合作可以有效地解决企业"用工难"的问题，还能寻求到合适的人才，因此企业的积极性很高，在经费与设备投入以及师资配备等方面都发挥着主体性作用。而我国当前的企业的教育责任尚无上位法依据，长期以来延续着高校只负责培养人、企业只管用人的单向性使命惯例，校企合作多是院校积极主动地向企业寻求合作，企业作为配角，很难形成合力，是一个单向主体的单向合作过程。国家与地方政府也多是从单向发展的角度出台有关促进政策与保障措施，这就导致我国应用型本科高校的校企合作很难广泛与深入地开展，其阻碍因素来自政府、企业与高校三方：政府的政策链、企业的技术链与高校的专业链。要实现政府、企业与高校三方合作的一体化，一是要借鉴德国以法律形式保障校企合作的双方权益，填补我国校企合作上位法空白，立法明确政府、企业与高校三方的责任与义务；二是要充分发挥政府在应用型本科高校与企业之间的协同中介作用，转变政府职能，为应用型本科高校的校企合作营造宽松的政策环境，搭建人才互动平台，积极思考建构校地、校企合作战略。

3. 校企合作中"双师型"师资的培养

德国"双元制"办学模式中的"双师型"教师的培养主要通过以下三种方式：第一，让院校教师走进企业，了解企业的经营管理模式和就业环境，有针对性地学习企业中生产和管理的实践技能，并应用于课堂。教师进企业，除了院校要制订计划，德国政府的综合调控与各项资源保障也是其取得成功的重要原因。第二，教师要经过两次国家组织的考试。这体现了国家对校企合作中教师培养的重视与组织依托。第三，为使教师积累更多实践经验，要求教师至少经历一年的指导教学和一年的独立教学。这里体现了校企合作中企业与高校的双主体协同培养。在我国，"双师型"师资建设培养既是学校的责任，更是政府的职责。一是以高校为主体，改革和调整应用型本科高校教师队伍建设思路；二是以政府为主体，为应用型本科高校的教师发展创设良好的制度环境，如构建具有我国特色的"双师型"师资培养模式体系，探索建立校企人员双向流动机制，实现高校教师和企业工程师的双向流动与互动等。

在应用型本科高校校企合作过程中，政府应居于主导地位，协调企业需求与高校人才培养，寻求二者的契合点，在充分发挥高校人才培养主体作用的同时，健全完善企业履行教育责任的相关法规，积极引导高校从"单责任主体"向校企"双责任主体"发展，从而推动高等职业教育事业的快速发展。

第四节　校企合作下高校科技人才的工匠精神

工匠精神是一种尽职尽责、精益求精的优秀品质，它的传承与培育具有广泛的社会意义。本节在厘清工匠精神实质内涵的基础上，以校企合作视角下高校科技人才工匠精神的培育为背景，结合理论研究和实践经验，从营造育人外部环境、加大相关政策引导、加强校企互动联合等方面提出可行性措施，推动工匠精神培育体系建设的高质量发展。

一、弘扬工匠精神的意义

工匠精神是人们在生产生活中所体现出来的工作状态和精神风貌，是激励人们通过千锤百炼、精益求精的方式实现人生价值、获得事业成功的强大力量，作为一种积极的高尚品格，工匠精神的传承和发扬对弘扬社会正能量、促进和谐社会建设具有重要意义。从内涵上看，工匠精神包含一丝不苟、尽职尽责的敬业精神，凝神聚力、追求极致的精益精神，心无旁骛、潜心研究的专注精神，继往开来、开拓进取的创新精神，符合新时代的发展要求，体现了新时期劳动者应有的风貌。

我国是全球制造业第一大国，是名副其实的世界工厂，制造业产品的产量和门类均位居世界第一。但总体而言，我国制造业大而不强，发展不够均衡，先进制造业占比较小，转型升级迫在眉睫。加快提高制造业的质量和水平，关键在于提升创新能力，工匠精神是科技创新的有效助推器。工匠精神不是拘泥于一点、只见树木不见森林的匠气，而是厚积薄发、在坚守中求创新的精神。把工匠精神融入生产过程中的每一个环节，培育劳动者敬业乐群、敢于担当的时代精神，为推动产业转型升级、实现科技创新驱动战略奠定坚实基础，推动我国从制造业大国向制造业强国转变。

党的十八大以来，习近平总书记多次强调了工匠精神的重要性。李克强总理在 2016 年政府工作报告中指出"鼓励企业开展个性化定制、柔性化生产，培养精益求精的工匠精神，增品种、提品质、创品牌"。党的十九大报告提出要"建设知识型、技能型、创新型劳动者大军，弘扬劳模精神和工匠精神，营造劳动光荣的社会风尚和精益求精的敬业风气"。党的十九届四中全会《中共中央关于坚持和完善中国特色社会主义制度 推进国家治理体系和治理能力现代化若干重大问题的决定》提出"弘扬科学精神和工匠精神，加快建设创新型国家，强化国家战略科技力量"。大众创业、万众创新、中国制造 2025 等重大举措和"一带一路"倡议的相继实施，需要社会各行各业的"工匠"尽职尽责、通力合作，在新时代传承和弘扬工匠精神，对于促进经济社会高质量发展、实现"两个一百年"奋斗目标具有重要意义。

二、工匠精神引领下高校科技人才培育现状

高校科技人才作为新时代中国特色社会主义事业的重要建设者，一方面在实现中华民族伟大复兴中国梦的征程中发挥着重要作用；另一方面承担着培育青年学生的重要使命，更需要学习这种爱岗敬业、精益求精、严谨专注、开拓创新、立德立身的精神品质。高校办学能力的提升、师生职业素养的培养仅仅靠学校是不够的，还要借助于企业的实践平台，引入校企合作模式已经成为发展趋势。校企合作是我国教育深化改革、优化教育教学模式、提高人才培养规格与质量的重要突破口，更是科技人才实现价值的重要舞台，其成效直接影响着教育现代化发展的进程。

当前，各地的相关院校普遍加强了与企业的教育合作，产生了一大批各具特色的校企合作项目，也培养出了一大批适应当前经济社会发展的高素质技术技能人才。但校企合作在加强对专业能力培养的同时，往往忽略了道德素质的培养，淡化了工匠精神对职业素质提升的重要作用，从而造成科技人才人文素养缺失的现象，不仅制约了校企合作的深化，更影响了教育的内涵式发展。在此背景下，应加强高校科技人才工匠精神培育，将思想教育贯穿于校企合作全过程，通过有效引导，转化为科技人才的知识体系、价值体系。

三、培养途径

（一）重视校企合作

通过校企合作培养的人才，具备一定的特殊性。此类人才培养更为关注学生的实践水平以及职业能力。如果高校依旧以重视理论轻视能力的原有培养方式去指引学生，便将违背学生获取知识的规律，使得部分学生不但难以明确基本知识，而且缺少足够的信心在应用过程中去探求、去明确、去获取甚至去试着创新。

对于企业而言，其希望学生在毕业之后便可以立即前往岗位，使学生的学业同企业任务直接衔接。这种情况给高校的人才培养带来了尤为困难的挑战。实际上，此类应用型人才培养的价值观念，同工匠精神的价值观念在本质上极为相似。企业同学校的深层次合作，事实上已然实现了此类培养方式的前提，不过怎样使企业在职业人才培养上体现出更为突出的价值，需要更深层次地去探究以及思索。同时，企业和学校彼此怎样更为顺畅地衔接，怎样把企业的优点同高校的优点体现到极点的答案或许就潜藏在对工匠精神的探索之中。

在校企合作应用型人才培养过程中，关注建立以及培养学生的工匠精神，属于提升人才创新水平以及构建追求更高设计质量的关键方向。切实把握工匠精神的建设，对于高校人才的培养注定会起到重要作用，可以为学生的就职以及今后在岗位上的发展提供更为出色的基本条件，利于提高学生在进入社会后的重要竞争能力。

（二）重技能与重实践的培养

对于应用型人才而言，其培养的目的需要更为偏向对于能力应用型的培养。对于学生而言，若希望自己具备职业化能力，则必须具有工匠精神。不管是新兴专业还是现阶段高校多见的传统专业，均具备一定的共同点：科目的应用能力非常显著，所应当掌握的能力更迭速率尤为高速。这便要求学生不但对科目具备严谨的学习态度，同样需要具备持之以恒的钻研精神、工匠探求与摸索精神。

所以，高校应该经过应用对外方略，确切连接校外资源，为教育工作制造出更为出色的硬件与软件基础。高校可以尝试积极融入省、市级电子科技促进文化创新及运用、服务类等行业创新发展的方略，连通电子创新发展重心区域以及着重开拓的区域，同各个企业共同创建本科教育实习平台，同各类企业签署全面的方略协同协议，把企业的需要引入课堂教学中、融合进实践教育工作中，使引入学校进驻企业、引入企业进驻学校、学校企业一体化确切地在高校教育工作中的各部分中落于实地。高校应积极鼓励教师运用假日前往企业实践学习提高自身能力，适当地了解各个行业最为新锐的科技以及发展态势，保证教育视野以及教育水平随着时代的发展而不断进步；鼓励学生利用假日前往各个协同性平台出任各类岗位，提高实践水平。

（三）校企合作新方式和途径

包豪斯，作为现代设计的发源地而得到了广泛认知。对于教育工作的框架而言，包豪斯实现了将手工制作进行教学的师徒制度同现代艺术教学的融合。师徒制度属于过往工匠的教育工作开展模式，同样是对工匠精神的集中反映。这种方式尽管在现阶段的高校教学工作中难得到运用，不过师徒制度所流传下来的工匠精神和师徒制度教育模式在应用型人才的培养过程中，却非常值得探究、讨论以及模仿。高校应继承工匠精神指导下的师徒制度，挑选协同企业的出色工作人员当"师傅"，使其能够在职业化能力的角度上，把该领域最应当掌握的技能亲手教授给学生。

高校应全面应用校企合作的方式，建立校企彼此的数字交互平台。结合《国务院办公厅关于深化产教融合的若干意见》的指导意见，一方面，学院需要应用自身教学工作以及企业的资源与优点，进行人才培养方式的革新；另一方面，学院应该大力强化同各行各业中企业的交流，持续促进协同关系的建立，把企业引入高校人才培养方式以及教育工作的革新中。高校可以同各个集团、公司以及企业协同探求与摸索，进行全面的职业化革新、课程革新、教师资源培训、高校生创新创业培育规划等工作，协同促进人才培养方式的革新，推动产业与教学共同培育人才，把社会上的优秀资源转变成为培育人才的资源。

现阶段，学院同样可以聘用在各行各业内具备大量实践经验的优秀工作人员，同时全面应用高校的自身优点，集中各个企业以及各领域的著名教师资源前往学校进行探讨性讲座、进行实践教学以及指导毕业论文等。

（四）专业教学新平台搭建

工匠精神在学校与企业协同培养人才方式中的体现，属于加深学校与企业协同培养人才方式的可靠举措。在培养期间，高校务必密切依据工匠精神的实际内在含义，在职业化科目的设定过程中，逐渐优化人才培养规划，对现阶段的教育机制、教育实践和教育考察方式展开革新工作，密切贴合企业的具体需求，培养满足企业需要的、确切具备工匠精神的职业化人才。

学院可以开展工作室制度，使学生参与到工作室中，通过参与项目来提高实践水平。在此过程中，高校需要保障各个工作室均得以正常运转，学生在教师的引导之下，能够参加到项目的各个部分，职业化实践水平能够得以提升。

学院同样应当关注学生的实习环节以及就业问题，可以应用创业区以及运营中心协同建设校园中的实践教育平台，以满足高校中大部分学生的实习环节以及创新创业需求。高校还可以建设符合各个学科实习环节所需的高校外部实习基地，也可以大力拓展新兴学科的相应实习基地，以满足学生学科实习任务的需要。

高校可以同教育部规建中心协同建立"高校数字媒体产教融合创新应用示范基地"工程，并基于此大力促进高校产业教育融合创新实践基地以及各类工作室、实验室的建立，强化学生创新实践水平的培养。

（五）建立健全实训课程体系

如今，高校的职业课程实践方式大多包括两类，即集中的方式以及混合的方式。混合的方式是指教师体现出两种效用、承担两种身份，教师不但应该帮助学生学习知识，还应当引导学生展开实践并加以指点，对于知识的教育工作完成后，教师应该以最快的速度规划学生的实践教学，以此更为显著地促进学生明确书本知识，并把其运用在应用过程中，同时引领着应用全流程。另外，高校教师应结合新时期的新要求，不断交流与探索，对实训课程进行进一步的改进与改善，以此来满足学生的实际需求。

综上所述，校企合作并不具备被严格规定的定式，而需要在应用过程中持续地探索以及优化。工匠精神，可以促进高校在人才培养的方式上，展开大刀阔斧的革新以及创新，促进企业更为主动地同高校建立亲密的关联，探索与寻求产业、教学以及科研协同过程中更为可靠的手段以及协同体系。

第五节　校企合作产学研结合人才培养机制

培养创新型人才和提高创新型人才的质量与数量是高等教育最重要的任务。目前，高等教育的地位逐渐提高，已成为经济发展的中心力量，在经济发展中起着至关重要的作用。近年来的调查研究显示，传统的教学模式因存在一定的局限性，已跟不上当今社会发展的脚步，不利于科技发展所需要的创新型人才的培养。因此，为了紧跟社会经济发展的步伐，进一步提高科技的创新及发展，突破传统教学模式中存在的不足，我们要遵循当今社会的发展模式，做出适当的教育改革，探索新颖高效的教育新模式。

创新型人才的培养，需要在传统教学的基础上加入更多的实践环节。实践是检验真理的唯一标准，只有在实践中才能把课本上学到的知识充分运用起来，并且也只有在实践中才能激发学生的创造力和思维力。

一、传统教育模式的局限性

传统教育模式中存在的最严重的问题就是重知识、轻技能，重理论、轻实践。人类的知识在不断地膨胀和更新，仅靠理论教育而缺乏实践的反复操作与验证是无法赶上科学发展的脚步的。

对于本科生而言，大多数的课程都是以理论学习为主。现在课堂教学是脱离学生生活世界的简单乏味的理性生活，缺乏实际生活应有的生活意义和人文关怀。现在推崇的填鸭式教育模式，使学生缺少了应有的想象、创造、探索、批判、选择、质疑的学习过程。在这种传统教学模式中，学生只能学习到书本上的理论知识，却缺乏对所学知识的实际操作和实践动手能力。虽然学校会安排一定课时的实验课程以及一段时间的教育实习，但这些为学生所营造的实践环境是远远不能满足学生将所学到的知识充分地应用于实践的需求。因此，学生本科期间的实习便也只能使实习者处于一个初级水平，大学生很少能在这短短的实习期间从实践活动中得到更多的提高。

二、校企间产学研结合的优势

校企合作平台的成功建设，可以为学生建立起一个以产学研合作为基础、与合作校企单位同建共教共赢的新型教育模式与运作机制，为学生创造一个有利于其全面发展锻炼的开放式的实践教育环境，从而使教育教学、生产劳动和社会实践得以紧密地结合起来。在校学生通过在校企单位中的实际工作和实践活动，通过将当前的学习知识与科研项目的结合，不仅可以加强实际与理论之间的相关联系，也巩固、加深并拓展了相关专业知识，锻炼并且提高了自己的实际工作能力；不仅调动了学生对学校知识的学习积极性和主动性，增强了其社会责任感，也在极大程度上激发了学生的创新精神，使学生对知识的掌握程度得到了充分的保证；还培养了学生艰苦奋斗、团结合作、克己奉公的劳动思想、团队协作意识与敬业奉献精神。这一切产学研合作优势都是在校学生在课堂上和学校里无法替代的。基于产学研结合培养出来的学生，以人才培养为目标，把产学研结合作为基础，以合作教育为方式，以学生在企业间的生产成果为载体，通过改革一体化这一途径，才能成为一名真正把理论与实践紧密结合起来的人才。

三、重视专业教育课程体系的创新建设，提高课程建设质量

（一）合理构建专业课程教育体系，对专业学生开展更高层面的教育指导

产学研能进一步密切学校与合作企业之间的联系，让高等学校的师资队伍和企业的岗位实践进行有效的结合，而学生在接受专业教师理论教学之后能在企业实习中检验所学的知识，也能在岗位实践中强化操作能力，体现出比较强的教育价值。

基于校企合作的发展需求，高校要想在产学研结合的教育背景下提高人才培养质量，就应该构建专业课程教育体系，对专业学生开展更高层面的教育指导，这样可以更好地发挥出高校专业教育所具备的优势力量，立足主专业和辅专业相结合的课程体系，开展更优质的人才培养。例如，在对电子专业学生进行培养的过程中，高校应该将智能控制作为主修方向，围绕单片机技术对学生开展智能控制系统的开发以及维护等学科能力的培养，这样才可以满足对传统产业实施信息化改造的高素质人才的需求；同时将视频通信技术作为辅修方向，这样可以给从事视频整机生产的企业输送专业人才，从而强化专业人才的培养质量。

（二）工学结合提高课程建设的质量

基于当前高等学校所体现出的教育成长方向，笔者认为要想在产学研结合下提高专业人才的培养质量，应该通过工学结合的方式提高课程建设的质量，具体应该开展以下几个方面的建设。

第一，将产品生产项目作为课程教育的载体，立足任务驱动式教学提高专业教育的整体质量。高校应该改变之前理论教学和实践指导相互独立的教学理念与状态，关注实训作品对课程教育质量起到的影响，通过对教学内容进行划分并指导学生进行独立解决的教学方式，提高学生对专业知识的掌握程度。专业教师应该精讲专业知识，然后给专业学生提供实践探究的平台，在给学生提供相关技术资料的同时鼓励学生通过工作任务的方式开展

知识学习，以调动他们的探索动力。在这样的教学模式下，高校学生完成一门专业课程知识的学习就掌握了相关的生产工艺或者流程，强化了专业人才的培养质量。

第二，高校重视开展一体化和生产过程式的专业教学。前者是指高校教师在进行专业知识教育的过程中有专门的教室，通过精心设计教学内容的方式指导学生更好地探究专业知识，将理论教学、试验操作以及实训教学三者进行有效的融合，给学生开展更高层面的教育指导。同时，专业教师也应该重视进行课堂考核与单元知识学习的测试，通过项目实践等方式进行技能考核，从而提高专业教育的实效性。后者能指导专业学生开展顶岗实习，在企业生产岗位上进行实践学习，这样可以让理论教学和实际生产过程进行有效的融合，从而让学生在掌握专业技能的同时也能接触到相关的生产管理以及工艺生产的常识，有利于学生全面掌握所学的专业知识。

第三，立足双证书改革提高课程构建的质量，重视运用现代化教学手段开展虚拟实验教学。在产学研结合这一背景下，高校应该探索职业资格证书考试课程化的道路，将职业证书考试和课程教育进行有效的整合，这样可以让专业教学和岗位技能进行有效的对接，通过以证代考的方式提高专业人才的培养效果。同时，高校应该在以往的教学基础上运用现代教学手段开展虚拟教学，重点进行虚拟实验教学，以提高专业教育的效率。例如，在对大学生开展模拟电路等专业教学的过程中可以增加 EWB 软件的合理运用，提高学生对专业知识的认知程度。

四、高校需提高"双师型"教育队伍建设的质量，重视开展更高层面的专业教学

（一）开展专业教师的轮岗实习制度，提高专业知识教育的整体质量

通过校企合作，高等学校可以让专业理论教育和企业生产中的实践活动进行有效的结合，通过知识学习和具体科研项目的充分结合强化理论和实践操作之间的关联，从而提高专业教学的实效性。基于当前校企合作的发展趋势，笔者认为高校要想在产学研结合的背景下开展更高层面的人才培养，应该开展专业教师的轮岗实习制度，提高专业知识教育的整体质量。

第一，高校应该要求专业教师每隔三年时间到合作企业进行为期半年的交流学习，提高教师的实践经验和实践技能，这样才可以给专业学生开展更高层面的教育指导。

第二，高校需要定期开展校园教师队伍的实践技能培训，可以聘请合作企业工程师开展单项技能培训。例如，组织教师进行单片机技术培训或者开展电工实习培训等活动，强化教师对专业教育的认知程度。

第三，高校应该鼓励教师参与到专业技能鉴定中，将职业技能资格证书考取情况纳入教学年度考核中，这样有利于提高教师专业教育的能力。

第四，高校定期组织准专业教师到合作企业进行岗位参观和生产调研，从而掌握行业生产与发展的动态。这样可以在不影响专业教学的情况下让教师更新自身的专业知识，提高其教育引导能力。

（二）对双师队伍结构进行合理优化，强化实训教学的最终质量

在校企合作的教育背景下，高校教师可以对专业学生开展高水准的知识讲解，基于产学研让学生在具体岗位操作中锻炼自己的操作能力，激发他们的岗位责任意识和社会责任感，同时在岗位操作中强化他们的创新意识，从而提高学生对专业知识的掌握程度。在这样的教育背景下，高校要想提高专业人才的培养质量，应该对双师队伍结构进行合理优化，强化实训教学的最终质量。

高校需要每年从合作企业中聘请一些具备较高理论水平和丰富实践操作经验的技术人员前来任教，以兼职教师的身份对专业学生开展教育指导工作，围绕生产实践给专业学生开展更高层面的知识教育与操作能力培养。通过保障兼职教师比例的合理性，高校可以将兼职教师分配到实验教学、实训指导等教学岗位上，以提高实验与实训教学的整体质量。在聘请企业技术人员的过程中，原则上高校不应该接收应届毕业生到学校开展兼职教育，而应聘用那些拥有 5 年以上工作经验且年龄在 45 周岁以下的中青年技术人员来充实双师队伍结构。

五、重视建设产学研一体化的校内实训基地，提高专业学生的实践技能

学术研究指出，应实现高校教育力量、企业生产力量以及相关研究机构的科研力量的紧密结合，在产学研支持下对专业学生开展团队合作、创新探索以及艰苦奋斗等方面的精神品质培养。基于产学研相结合培养出的人才更加具有竞争力，立足合作教育的方式提高专业人才的培养效果，这样更符合现代教育所提出的能力培养要求。

因为在对专业学生开展实践指导的过程中，仅仅依靠校外实训基地是不能有效达到当前高素质人才培养的目标的，所以高校应该重视建设产学研一体化的校内实训基地，这样才能提高专业学生的实践技能。

高校需要掌握不同专业所提出的实践教学需求，根据实际情况建立不同类型的加工车间或是训练基地，重视给专业学生开展更高层面的技能指导。同时，高校应该利用现有的教育资源和企业进行更加密切的合作，通过校企合作的方式接收企业相关的产品加工订单，给学生进行实践操作提供更好的支持。专业学生可以在车间根据具体的生产流程与工艺标准开展操作，在具体操作中锻炼合作意识和职业修养，从而提高专业人才的实际培养质量。

校企合作是目前实现产学研高度融合的关键途径，立足产学研一体化教学平台能提高学生对专业知识的掌握程度，也能通过产学研锻炼学生的专业操作能力，呈现出比较强的教学研究价值。基于校企合作的发展需求，笔者认为高校要想在产学研结合的教育背景下提高人才培养质量，应该重视专业教育课程体系的创新建设。同时，高校需提高"双师型"教育队伍建设的质量，重视开展更高层面的专业教学与技能培养。此外，高校还应该重视建设产学研一体化的校内实训基地，提高专业学生的实践技能。

第六节　高校校企合作的高校大数据人才培养

近年来，互联网尤其是移动互联网的广泛普及和应用，使得通过网络产生的数据越来越多。对这些数据进行搜集、存储和分析，可以为社会生产和生活的改善提供有效依据，这既是网络化时代信息技术发展创新的一个前沿领域，也是经济社会发展的重要基础性资源，应得到广泛重视。在这一背景下，国家对大数据及其衍生出来的新一代信息处理技术的重视度在不断提高，各级政府都在推动实施大数据建设的重大专项，各个高校也都发现了大数据的应用潜力和价值，在进行传统工科改造和新工科专业的申请设置上都在向大数据方向倾斜，而这些都会进一步推动大数据技术及其相关应用得以进一步发展和提升。

一、大数据人才市场现状

随着大数据技术的兴起及其在社会各行各业的应用发展，大数据市场也在迅速扩大，拥有着庞大的人才需求市场。但与此同时我们也要清醒地认识到，大数据时代的到来过于迅猛，大数据技术的发展也过于迅速，使得能够适应、支撑和引领大数据发展的人才相对缺乏。因此，高校在培养大数据人才时，虽面临着广大的人才需求市场和众多的岗位需求，但对于是否能培养出市场需求的人才又有着比较大的压力。通过调查分析，可将目前我国大数据人才的市场现状归纳为以下几个方面：第一，大数据技术从提出到被广泛应用其发展非常迅速，相关基本理念一兴起就成为众多行业领域的追逐热点，这造成很多从事大数据工作的人员缺乏相关经验，不能掌握技术理念的发展进化逻辑及其最新前沿动态，基于大数据理念的分析思维还需要进一步提升。第二，大数据技术基本一提出来就迅速兴起，技术应用市场发展迅猛，但人才供给相对滞后，使得大数据领域的人才短缺情况比较严重。第三，大数据技术的应用发展时间较短，技术的应用形态和方式进步太快，致使高校在大数据人才培养方面缺乏相关经验，也缺少合理配套的教学内容体系和管理模式，无法对大数据专业的学生进行非常系统全面的培养，进而导致毕业生要想真正胜任大数据领域的工作岗位还需要花费较多时间和精力进行自我完善。

二、高校大数据人才的培养现状

（一）大数据专业处于起步阶段

大数据作为一门新兴技术，虽然在各行各业中的应用发展迅猛，但技术理念的提出时间尚短，导致其理论和应用模式还处于不断的发展成熟阶段。在这种情况下，人们需要花费大量的时间和精力去学习和适应大数据时代的特点，这就造成大数据专业的建设在一定程度上被延后。同时，因为技术本身还在不断地发展完善，使得近年来虽然很多高校都通过新工科建设申请设置了大数据专业，但在如何打造专业方面还存在着不少问题。一方面，前期根据调研设置的课程内容体系可能已经跟不上当前大数据技术的发展脚步；另一方面，大数据专业教师一般都是由其他相近专业抽调组成的，虽然他们对大数据的基本原理有所了解，但对如何应用大数据技术解决工程实际问题缺乏经验，这就制约了人才质量的提升。总之，大数据专业整体还处于初始起步阶段，还需要进行更多的探索与研究。

（二）专业建设需要面对很多问题

如上文所述，目前各个高校的大数据专业起步较晚，大家对如何打造高品质专业还处在摸索当中，专业建设中面临着很多问题。第一，受高校传统培养模式的限制，专业培养主要以固结于高校课堂的理论教学为止，对学生实践动手能力的锻炼明显不足，再加上实践教学环节缺乏与相关大数据企业间的互动，使得学生所学和企业所需间存在一定差距。第二，因为与应用企业、行业间缺乏联系和互动，使得高校大数据专业在课程设置上可能与现实发展间存在不配套。再加上大数据技术是一门新兴技术，大数据专业总体上也处于发展起步阶段，使得高校对大数据的核心理论和知识内涵存在一定程度上的把握不准，进而表现为课程内容体系设计上也难以做到全面考虑。

三、校企合作内部关系分析

目前很多学校和企业都开始了校企合作，学生在学校里学习相关的专业技能，毕业后与企业签订就业合同，直接到企业就业。这种培养模式非常适合当今社会发展的现状，但目前许多高校在人才培养方面还存在着一些不容忽视的问题，例如，在教学过程中学校忽视了培养学生的实际操作能力；学生在学校学习了相关的职业技能和知识后，没有及时到相关企业进行生产实习；学生仅学习了一些技巧和知识，当进入相关行业时，会遇到很多运营上的障碍。因此，尽管学校采用校企合作模式来培养人才，促进学生就业，但教学内容没有及时更新，使学生的技能不能达到企业所要求的水平，校企合作大多流于形式。

（一）学校与企业的关系

学校和企业之间存在着天然的联系，初级职业教育源于企业，教育家认为校企合作是职业教育的基本要求。学校与企业是实施职业教育的两大主体，缺一不可，真正的职业教育离不开企业。目前已形成的校企合作模式中，多数学校积极寻求与企业合作，适应市场经济的要求，以求更好地生存与发展。只有少数公司积极寻求与学校合作，且大部分资金仅用于项目支持、提供实习基地以及培训员工等。从合作意义角度出发，真正的校企合作并没有实现，构建良性可持续发展循环机制还需努力。

就人才培养而言，职业教育具有自身的特色。高职教育核心素质评价体系主要是以学生所掌握的技能水平为评判标准。只有在学校里接受相关的教育，才能培养出高素质的技术人才。

就企业而言，由于突破技术创新的难度增大，投资增加，高新技术风险逐渐增大，国家缺乏强有力的资金、人才、政策支持。因此，企业在与高校合作时，不愿投入大量资金，以免制约企业的发展。校企合作是市场经济条件下高校与企业之间的一种新型合作形式，其不仅需要政府的支持，而且需要社会的参与。

（二）学校与企业的合作形式

目前，我国的教育体制是以公立学校为主，公立学校缺乏办学自主权，学校学生的工作一直受到高等教育管理部门的限制，必须严格遵守国家有关规定和政策。另外，我国办学模式和观念存在僵化的问题，因此，短期内校企合作缺乏动力，高校要主动寻求与企业的合作，以适应经济社会发展的需要。

同时，由于我国市场经济体制还不够完善，对于企业来说，许多影响其成功与失败的复杂因素还不确定。所以，许多企业不重视对现有技术的升级改造，更不愿投入资金改善和提高产品质量。

就社会发展而言，我国目前还处在社会主义初级阶段，经济体制还处在转型期。入世以来，许多企业不仅面临着经营机制改革的深化和利益机制的强化，还需要适应国际化的发展趋势，因此部分企业经营业绩不佳。尽管学校、学生和家长都认为亲自到企业实习对于提高学生的实践能力很重要，但是由于缺乏组织上的人力、物力支持，企业大多不愿主动提出参加职业教育，上述因素导致企业生产环境下学校学生实训存在诸多困难，且效果不佳。

四、高校校企合作的具体模式

（一）订单合作培养模式

订单合作培养模式是指学校和企业签订用人合同之后，企业根据自己的生产需要，制定一定的发展目标，学校根据企业的要求制订培养人才的方案。订单合作培养模式，将学生和企业直接联系了起来，学生在学习期间可以有目标、有计划性地学习，通过学习掌握相应的技能知识，这样学生在毕业后就可以直接进入企业工作。这种人才培养模式的优点是直接根据企业的要求来进行人才培养，学生和企业实现了零距离的接触，学生在学校学的知识就是企业要求的知识；其局限性是只适合一些用人需求较大的企业，且是长期需要招收员工的企业。

（二）校企合作培养模式

目前，高校采用最多的合作模式就是校企合作模式。校企合作培养模式要求学生在大学最后一年实习的时候，直接到企业中实习，毕业论文的设计也要和企业的生产相关。学生在实习过程中，可以将自己在学校学习的知识潜移默化地运用到企业的生产实习中，提高自己的专业水平，这样，学生在毕业后进入企业工作时，就能够很好地适应企业的工作氛围，实现从学生向职场员工的身份转变。

（三）顶岗实习培养模式

顶岗实习培养模式在当前的校企合作中也是一种经常被采用的模式。企业在每年寒暑假的时候，专门开辟一些生产线，提供相应的生产设备，使得学生可以在假期进入企业进行岗位实习，也就是顶岗实习。学生在进行顶岗实习之前，由企业派出专门的技术员工对学生进行岗前培训，培训之后学生就能直接上岗，进行生产实习。这种培养模式可以使学生在学校期间就能接触到企业的生产流程，学生通过上岗工作，练习了自己的专业技能，实现了知识与技能的完美结合。

五、校企合作模式的重要意义

目前大学生就业难的原因主要如下：学校缺乏一定的基础设施建设，学生只是单纯地学习课本上的知识，缺乏社会实践经验；学生在校期间虽掌握了一定的专业技能，但仅仅学习了课本上的知识，社会实践能力、专业技能没有得到很好的培养，因此学生的能力不足以适应企业对人才的能力的要求。如何解决这一问题？这就需要校企合作。高校在教学的过程中，注重校企合作，根据企业的相关要求，培养学生的专业能力，加快高校的基础设施建设，推动高校教育的发展。

校企合作是我国进行教育改革的一种实践探索，当前的校企合作虽然存在着一定不足，但是也有许多积极的进步意义。校企合作可以使企业、学校、学生三者实现共赢，他们互相介入、互相扶持，最终实现资源的优势互补。校企合作作为一种新型的教育模式，不仅仅是把企业和学校结合起来，它最重要的目标是让学生在合作中培养自己的专业技能，在毕业后可以顺利就业。目前高校进行校企合作的重要意义主要有以下几个方面。

（一）高校获得教育经费

我国有非常多的高校，但是各个高校之间由于经费的不同，发展也是参差不齐，一些高校由于缺乏经费，在基础设施建设上和别的高校存在着较大的差距，使得学生缺乏相应的社会实践培训，因此，这些高校需要开展校企合作，校企合作可以使高校获得相关企业的资源投资，学校利用这些投资可以加快进行基础设施建设，让更多的学生有机会在学校期间就能锻炼自己的社会实践能力。

（二）缓解企业用工难的问题

一些大型密集型产业的工作，需要大量的适合岗位要求的技术员工。虽然我国有着众多的劳动力资源，但是由于人口分布不均匀、部分地区消息滞后、一些就业人员缺乏积极的工作意识等，导致企业在每年三四月份都会遭遇用工荒。高校与这些企业进行合作可以有效地缓解企业的用人问题，学生在学校学习了大量的专业知识，通过校企合作，高校学生可以进入企业内，参与企业产品的研发，把自己在学校所学的专业知识转化为专业技能，从而推动企业长远发展，使企业获得巨大的经济效益。

（三）解决大学生的就业问题

当前大学生就业难的问题一直得不到有效的解决，学生在找工作时处处碰壁，严重打击了学生工作的积极性。高校进行校企合作，有利于培养学生的专业技能，使学生在校期间不但学习了本专业的知识，还可以进入企业内进行社会实践、生产实习，这样就拉近了学生与企业之间的距离。学校按照企业的用人标准来培养学生的专业能力，这样培养出来的人才在毕业后更能满足社会的需要，满足企业的用人要求，大大提高了高校学生的就业率，也为企业的长足发展提供了人才支撑。

以上介绍的这些数据包含着很多的信息，笔者对这些数据分析得出了当前高校教育校企合作模式的发展现状、发展模式及其重要意义。根据这些数据，我们要不断调整校企合作模式，使之更能适应本地区本校学生的实际情况。各个高校在进行校企合作时首先要寻找适合发展本地合作的企业，根据企业来制定校企合作的具体模式，这样才能更好地促进校企合作的良性健康发展。

根据这些数据，我们也知道高校在进行校企合作时主要采用三种模式，即订单合作培养模式、校企合作培养模式、顶岗实习培养模式。这三种模式有效地解决了一部分高校通过企业的投资获得教育经费、学生的就业问题以及企业用工荒的问题，推动了学校的基础设施建设，同时推进了学生成才、学校建设和企业发展。这些数据也为我们提供了一个直观印象，证明当前在高校进行的校企合作是十分成功的。

六、校企合作下的大数据人才培养策略

（一）对人才的培养进行定位

大数据技术属于互联网发展中的新型技术，因此，为了能够更好地使学生掌握大数据

技术，首先需要对人才的培养进行定位，确立大数据技术的教学主要是为了让学生能够熟练地掌握软件开发及数据库使用等方面的知识，以此为前提，就需要对学生进行大数据基本理论的教学，使学生能够对大数据有一个全面的了解，熟悉大数据的技术框架和生态系统，对数据能够进行简单的获取、存储、分析、计算等操作，并不断地成为可以利用大数据来解决实际问题的综合型人才。

（二）探索教学模式

目前大数据时代的教学，缺乏实践的机会，通过校企联合，教师应结合企业中的实际工作，改变自己的教学模式，将企业中实际遇到的问题融合到自己的教学当中，使学生能够将理论知识、实践能力及职业素养这三方面进行同步学习，使学生能够及时地了解大数据时代的变化，然后不断地成长为一个集知识、素养、能力为一体的综合型人才。

（三）进行市场调研

校企合作下，教师除了要教授学生理论知识外，还需要通过对企业的发展动向的观察，分析大数据时代的变化，从而将这种变化中有用的知识和信息及时地整理出来，融合到教学当中，不断地完善自己的教学内容；同时，教师也应通过对企业的调研，了解大数据方面的人才在企业当中具体需要进行什么样的工作、需要具备哪方面的能力，从而在教学过程中根据不同时期企业中岗位对人才的不同需求，制定出相应的课程，使学生能够及时地"更新"自己的知识，与时俱进；教师还可以将自己对不同岗位的分析总结教给学生，让学生在校企结合的实习过程中，找到适合自己的岗位，对自己的实践能力的提升起到促进作用。

（四）提高教师队伍的整体素质

一个专业的建设成功与否，教师的综合素质是非常关键的，因此，在专业建设过程中，要注重对教师的筛选，一定要选出理论和实践共同发展的教师，同时要鼓励且督促教师进一步学习，如进行技能的学习等，要和学生共同学习、共同进步。选出适合教授大数据技术的教师是提高学生学习效率的关键环节。

（五）加强对实训室的建设

即便进行了校企合作，一部分在校学生仍然需要通过学校的实训室进行实践能力的基础培养。因此，学校一定要加强实训室的建设，使那些对大数据技术掌握得还不够熟练的低年级学生能够有一个好的实训基地，这既方便教师进行实训课程，也为教师的科研提供了很好的场所。

综上所述，校企合作是一个很好地促进学生成为高素质、高能力大数据人才的方式，高校应该努力地筛选企业，并与其进行良好的合作，为国家培养出更多优秀的人才。

第二章 高校校企合作人才培养的发展研究

第一节 信息技术类高校校企合作人才培养

在当今世界经济竞争越来越激烈的今天，信息技术类产业在经济竞争中扮演着日益重要的角色。以中美贸易摩擦为例，美国将我国信息技术行业中的中兴、华为等知名企业视为重点打击对象，更不惜举国家之力打击华为等领先企业，将阻击我国信息产业企业的发展视为遏制我国经济崛起的关键环节与重点步骤。可见信息技术类产业在国民经济发展中发挥着重要的基础性与先导性作用，而持续健康发展这一产业的关键在于人才培养，其中信息技术类高校在信息技术类专业人才的培养上，又发挥着特别重要的作用。

一、信息技术类产业及人才培养的特点

信息技术类产业属于朝阳产业，具有技术密集、资金密集的特点。在经济全球化的背景下，信息技术类产业是产业全球化程度最高的产业之一，虽然美国占据着重要的主导地位，但由于产业供应链条很长，产业供应往往需要分布在世界范围内的多个国家的不同企业协作完成。由于信息技术类产业可以通过对工业、农业、服务业等其他产业的高度渗透，帮助这些产业提升效率、降低成本及改善效率，因此在国民经济发展中发挥着重要的作用。

信息技术类产业也是一个高度竞争的产业，产业技术的创新速度极快。有关统计资料显示，信息技术类的专利每年增加的数量超过 50 万个；由于行业内的技术更新速度很快，有关科研资料的平均有效寿命期限只有大约 5 年。众所周知的摩尔定律，揭示了集成电路的性能每隔 18—24 个月便能提升 1 倍的事实，也充分显示了信息技术类产业的进步速度。高度进化的产业技术更新速度，给相关高校的人才培养带来了挑战。由于这一行业内知识老化、陈旧化的速度远远快于其他行业，高校的人才培养如果不能跟上产业技术的发展与更新速度，就会给人才培养的质量带来极大的负面影响。而校企合作，则是高校了解产业

发展需求、把握产业发展趋势的一条重要途径。

二、信息技术类高校校企合作对人才培养的现实作用

校企合作是高校与企业之间建立的一种合作模式，通过将高校与企业各自的优势资源有效结合、协同，在人才培养上既注重基础理论知识的学习，又注意结合产业实际的实践能力培养，最终达成适应市场变化趋势、满足市场需求的人才培养目标。在信息技术类产业更新周期加速的时代背景下，这一人才培养模式可以发挥明显的作用。

（一）有利于激励学生的内在学习动力与创造能力

在校企合作下，高校的培养目标定位能够更好地结合市场需求与技术发展趋势。在此导向下的课程设置与教学体系能够更好地融入现实需求，更好地激发学生的学习兴趣，更好地激励学生的内在学习动力与创造能力。

（二）有利于提升学生的专业能力与实践能力

校企合作模式下，学生有更多的机会将课堂学习的理论知识用于实际的项目开发与生产活动，在实践活动中检验、巩固其对基础理论知识的掌握程度。与此同时，这些活动能更好地培养学生思考实际问题、解决实际问题的能力，通过"从实践中来，到实践中去"的正向良性循环，实现专业能力素养与实践能力的有效互动提升。

（三）有利于解决人才培养与产业需求脱节的矛盾

在信息技术类产业高速发展的背景下，产业对人才技能的需求热点变换快速。高校传统的人才培养模式，往往在课程设置、人才培养体系设置上多年不变，很难适应快速变化的产业技术特征，因而带来人才培养与产业需求脱节的矛盾。校企合作通过在高校与企业间建立紧密的合作、协同关系，让高校拥有更多的渠道了解行业前沿需求与信息，因而有助于解决这一矛盾。

三、校企合作的电子信息类专业应用型人才培养方法

为了有效提高电子信息类专业应用型人才的培养质量，笔者所在学院提出一种企业全程参与高校人才培养各个环节的"校企合作的应用型人才培养模式"。企业全程参与学校包括课程教学体系的制定、教学过程的实施、师资队伍的建设、创新基地的建设等多个环

节。本模式顺利实施的关键是找到高校、企业、学生三方的结合点，实现"多赢"。

（一）创新运行机制

建立校企合作人才培养专家委员会，实行"校企互动式"办学方式。专家委员会由企业高级管理人员和校内专家组成。为了进行全面深度的合作，委员会一方面负责指导人才培养方案的制订、教学模式的改革、适应校企合作培养的教学管理制度的制定和科研合作等方面的工作；另一方面负责协调学生的实习实践、企业工程师兼职在校内授课和师资培训等方面的工作。

（二）校企合作共同制定课程教学体系

高校通过与企业的深度交流合作，根据企业相关岗位所需要的专业能力和素养，结合本专业自身特点，明确专业培养目标和培养要求。在人才培养专家委员会的指导下，通过市场调研，由专业教师和企业工程师共同对专业课程体系进行优化。一方面，根据市场需求和行业变化调整课程设置，整合课程内容；另一方面，以真实项目为依据改革课程内容，引入企业工程师培训课程，从而形成以能力为核心，建立更符合社会需求的课程教学体系。

（三）联合建立以培养应用能力和创新能力为核心的实践教学体系

实践教学作为应用型创新人才培养的重要环节，在提高学生实践能力、创新能力和社会适应能力等方面具有无可替代的作用。高校和企业具有不同的特点，二者可以取长补短，建立多种形式的基地。

（1）共建校外实习实践基地。本科生可以在实习基地进行短期生产实习，也可以进行以企业课题为内容的毕业设计。

（2）在校内建立校企联合实验室。企业有效利用学校资源，并进行适当投资，在校内建立校企联合实验室，以企业项目需求为内容，完成学生实践环节。

（3）设立"企业杯"学生竞赛。引导企业在学校设立"企业杯"学生竞赛，将企业中的预研课题或技术难题作为竞赛题目，不但可以充分发挥学生的聪明才智、锻炼学生的创新能力、了解企业实际需求，也可以为企业解决实际技术问题提供思路。

（四）构建"双师型"师资队伍

应用型人才培养，要求教师不仅具有较高的理论素养，还需要具有较强的实践经验和应用能力。目前高校教师普遍没有企业一线的实践经验，构建一支结构合理的"双师型"师资队伍是应用型本科教学改革的必然要求，对提高实践教学质量起着至关重要的作用。

通过校企合作，高校一方面通过与企业开展业务培训、课题研究、挂职锻炼等方式来培养和提高教师的实践能力；另一方面，高校聘请企业中具有丰富实践经验的专家或优秀工程人员作为高校兼职教师，参与教学过程，这样可以将课程的理论知识与生产实践紧密结合，以实际工程问题进行案例教学，引入行业领域的前沿技术，促进教学内容和方法的创新，从而提高学生的综合能力和系统的工程意识。

（五）产学研相结合提高教学水平和质量

产学研相结合是校企合作的一项重要内容。通过校企资源共享，双方开展联合科研项目，一方面解决企业实际生产中遇到的技术难题；另一方面将科研成果向市场和产业转化，其结果又可以反哺教学，提高教师的教学水平和教学质量。在此基础上，企业在学校建立科研创新基地，以实际工业课题作为科研课题，吸引学生参与课题研究，培养学生的工程实践能力和创新能力。

建立科学发展的校企合作人才培养模式，是培养符合社会需求的高质量工程应用型人才的必然选择。通过校企合作，学校可以优化课程设置方案，完善实践教学体系，构建"双师型"师资队伍，加速科研开发和成果转化，提高应用型人才培养质量；企业可以将高校作为人才培养基地，有目的地培养和选拔高质量人才，减少培养成本，同时可以开展技术创新和推广，传授企业文化，增加潜在的用户群；而学生可以提前了解职业岗位需求，增强工程实践能力，提高职业素养和就业竞争力，最终使高校、企业和学生实现共赢。

我国的校企合作人才培养目前在深度和广度上与发达国家相比还有较大的差距，如何真正做到企业与教育相融合、互相补充、互相促进，是高校、企业和政府面临的重要课题。只有在多方共同推动下，建立良性合作机制，才能继续发展和深化校企合作人才培养模式。

四、校企合作模式下高校信息类专业创新创业人才培养模式

（一）转变教育理念，营造创新创业氛围

地方高校应转变以前关起门来办大学的教学理念，依托校企合作，吸收 IT 类企业先进理念和市场需求信息，结合地方特色，塑造适合创新创业人才培养的校园环境，为人才培养提供沟通、交流和学习的平台；通过企业的介入，使具有创新创业意向的学生能够实现与企业之间的无障碍沟通与交流，使学生能够了解到企业和社会的实际需求，合理调整职业规划，合理调整创新创业计划，从而更符合社会和行业需求。

积极开展"以创新创业"为主题的校园主题活动，聘请企业家来校为学生开展各种 IT 类创业知识讲座，分享 IT 类企业家的创业故事和 IT 类创业实践案例，形成以"双创"为主题的校园文化氛围。组织学生在 IT 类企业进行现场观摩，了解企业生产流程，实地感受创办企业所需的各种资源要素，提高学生参与创新创业实践的积极性。同时，积极开展创业计划大赛等活动，组织学生积极参加，将创新创业教育和创新创业思想融入学生的日常学习和生活中。

（二）校企共建创新创业实训基地

高校应将日常创新创业课程开展的重点放置在提升学生创新创业能力的课程方面，着重培养学生的创新创业意识与精神素养。在大学一、二年级的教学中，增加创新创业基础、创新创业训练等创新创业基础理论课程；在三、四年级的专业课程教学中，融入创新素质和创业能力培养的课程，在学习专业课的过程中潜移默化地渗透创新思想、创新意识和创业精神。

比如，依托淘宝、邮政公司等企业建立电子商务实训基地，作为学生认知实习、课程设计和毕业设计的实习基地。在实习基地，学生一方面可以感受和了解电子商务的整个流通过程，另一方面可以针对实际电子商务过程提出一些自己的想法和完善建议。学生也可以依托实训中心自己开展创业或创业模拟，完成项目选择、项目设计、项目实施和演示等整个过程，将专业知识学以致用。

（三）校企共建创新创业实验班

创新创业实验班旨在把高校资源和企业资源合理组合，借助高校的科研、人才、场地和设备等优势，借助企业的技术和管理等优势，实现优势互补、强强合作，帮助学生明确未来学习和发展的方向，激发其创新创业的热情。

创新创业实验班为有创业意愿或有创意性想法的学生了解创业所需知识、培养创业技能、搭建创业实践平台提供了机会。培训的内容涉及创业政策及法律知识、创业风险管理、创业财务管理、创业融资管理、企业人力资源管理等基础知识，以及商务礼仪、谈判技巧、沟通训练、情商修炼、计划书撰写、团队文化、团队精神、核心领导力提升、团队沟通等创业素质。创新创业实验班邀请企业家、投资人和创业培训师等精英参与授课，学生也可以到企业参加相关的实习实训，进行创业的真实体验，切实感受企业的文化氛围。

实验班设置创客实验室，成员可以交流思想、分享经验、激发创意，以此深入挖掘、充分发挥学生的创新创业潜力，让创业学生的创造力和想象力得到更好的发挥。

（四）完善创新创业课程体系

依托校企合作，积极开展创新创业教育的课程体系改革，使其更加适应社会需求。结合学生专业方向和信息类专业人才培养大纲要求，校企共同制定合作课程，实现创新创业教育和专业教育的深度融合，坚持专业教育对创新创业教育的支撑和推动作用。

比如，针对软件开发类课程，实现专业教育和创新创业教育的有机结合。根据企业需求，针对人才培养的各个阶段，设置对应的专业课程和创新创业课，在学习专业课的过程中不断培养学生的创新创业意识，提高其创新创业能力。将软件开发课程分为基础课、专业基础课和专业方向课三个阶段。在基础课阶段，主要学习程序语言等专业课，同时系统学习创新创业思维锻炼的课程。在专业基础课阶段，主要学习数据结构和数据库等课程，同时系统学习创新创业方法的相关课程。在专业方向课阶段，主要学习软件工程等课程，辅修创业课程。

同时，课程教学过程中应该进行教学方法改革，以提高教学效果。比如，采用案例分析法和模拟场景法等教学方式，使教学具有更强的实用性和实效性。在课程教学过程中，营造独立思考、自由探索的良好环境，培养学生勇于实践、敢于创新和勇于创业的精神，培养学生善于发现问题、分析问题和解决问题的能力。

（五）校企合作加强"双师型"师资队伍建设

教师是教育事业发展的基础，是提高教育质量的关键。师资队伍建设是校企合作模式下创新创业教育的基础，对创新创业教育的成败发挥着不可替代的作用。

坚持"请进来，走出去"原则，加强对教师队伍的建设。首先，聘请 IT 类企业创新型企业家或者工程师来校讲学，担任讲座教师、兼职教师或实践指导教师，分别以专题讲座、授课或实践指导的形式为师生传授知识。其次，高校选送骨干教师外出参加各种创新创业教育培训，有计划、分批次选派年轻教师深入合作企业进行挂职锻炼，提升自身素质；同时，学校组织学者、专家定期来校对在职教师进行 IT 新技术培训，开阔教师视野，转变教师教学观念，更新教师知识结构，使其保持与业界和市场同步发展。

通过这几种方式的不断培训和学习，提升教师从事高等教育工作的能力，增强创新创业的意识，开阔教育思路，进一步激发教师进行创新创业教学改革的积极性。

（六）校企联合开展科技创新竞赛

设立由企业冠名的科技创新竞赛，资助学生创新创业团队，比如程序设计大赛和 APP 大赛等。校企双方协商确定设计主题和比赛规则，使竞赛题目"真题"化，保证竞赛题目取自现实社会和行业亟待解决的真实课题，保证竞赛中所使用的技术跟上时代发展的步伐。同时动员广大学生积极参加，鼓励组建团队吸纳志同道合的学生参与，培养学生的团队精神。

通过科技创新竞赛的参与，培养学生创新能力和解决实际问题的能力，进一步优化人才培养过程，提高高等教育教学质量。

（七）校企联合开展技术攻关

鼓励高校教师积极主动了解企业的生产需求，申报企业设立的横向项目，联合企业进行技术攻关，解决企业发展中存在的技术难题。同时，鼓励高校教师结合自身特长，与企业联合申报政府设立的科技攻关项目，解决社会发展、经济发展中的一些技术难题。

通过项目的申报和实施，培养教师和学生的科研能力、实践能力和创新能力。

（八）校企共建创业孵化基地

创业孵化基地是在政府支持下，通过多方投资市场化运作，校企联合建立的。基地为学生创业者提供了经营场所、配套公共设施和相关创业服务。

创业孵化基地重点扶持学生的创业项目，遴选具有市场潜力的项目入驻基地进行孵化。为保障项目的正常运作，出台项目管理办法和考核制度，保证各个阶段按照流程顺利进行，主要包括项目申报、中期考核、结题审核和成果鉴定等环节。通过项目孵化，使学生充分感受市场氛围，深刻了解创业流程，全面提高学生创业实战水平，孵化出具有创新理念与市场竞争力的创业项目。

作为我国当前高等教育人才培养的一种类型，校企合作是培养当今社会急切需求的应用型人才的一种重要方式，是建设创新创业教育体系的一个重要途径，在创新创业人才的培养上发挥着非常重要的作用。希望通过本节的研究，能够为我国各高校的校企合作、创新创业人才培养、专业建设提供一些参考和借鉴，使其培养出优秀的应用型人才。

第二节　"双创"中高校校企合作人才培养

李克强总理在 2014 年夏季达沃斯论坛上第一次提出了"大众创业、万众创新"的理念，随后"大众创业、万众创新"出现在 2015 年的政府工作报告中。自此，"双创"和"双创"教育在我国拉开大幕。大力推进大学生"双创"教育，对促进高等教育科学发展、深化教育教学改革、提高人才培养质量具有重大的现实意义和长远的战略意义。地方高校作为我国高等教育的重要组成部分，要严格按照国家教育理念的要求，主动加快转型升级，以服务地方经济发展为依托，培养适应社会需求的技术技能型创新创业人才。因此，构建地方本科高校"双创"教育人才培养机制迫在眉睫。

一、"双创"在地方高校转型发展中的战略地位

第一，"双创"教育是地方高校转型发展的内在要求。袁贵仁曾指出，高校"转型的关键是明确办学定位、凝练办学特色、转变办学方式，把办学思路真正转到服务地方经济社会发展上来，转到产教融合校企合作上来，转到培养应用型技术技能型人才上来，转到增强学生就业创业能力上来"。随着经济形势的变化，大学生就业难与区域经济社会发展所需的应用型、复合型人才紧缺的矛盾越演越烈。地方高校通过校企合作、产教融合加强"双创"教育正是解决这一矛盾的有效路径，也是高校转型发展的内在要求。

第二，"双创"教育是培养应用型人才的必由之路。地方高校转型发展必须以"应用型"为办学定位，而培养应用型人才就必须开展创新创业教育。"双创"教育重在培养学生的实践应用能力，具有显著的实践性和应用性。因此，地方高校转型发展和创新创业教育的落脚点就是要培养应用型、技术技能型、创新型人才，提升学生以应用为驱动的创新能力，满足地方对多元化创新型人才的需求。将"双创"教育作为推进地方高校转型发展的切入点和突破点，是培养适应地方经济社会发展需求的应用型人才的必由之路。

第三，"双创"教育是提升学生就业能力和创业能力的助推器。近年来我国高校毕业生的就业状况不容乐观，尽管这与经济社会产业发展的人才需求变化有一定关系，但最主要的原因还在于很多地方高校培养出的毕业生综合素质较差、就业创业能力薄弱，不能很好地适应当今社会发展的需要。因此，地方高校在转型发展过程中，务必将创新创业教育

纳入人才培养的全过程。

在"大众创业、万众创新"的时代背景下，校企合作既是高校转型发展的重要途径，也是创新创业教育的必由之路。地方高校和企业全方位、多角度合作，不仅能为学生创新创业提供更多的实习实训机会，为实践教学提供良好的平台，也能获得一定资金支持，弥补学校实验设备短缺的不足，更能为学生创新创业提供技术指导、业务咨询等方面的服务。

二、"双创"人才培养工作存在的主要问题

当前高校"双创"人才培养工作主要存在以下问题：

第一，对"双创"教育的重要性认识不够。随着我国将实施大学生创新创业教育作为创新型国家建设、高等教育育人模式改革的一项重要举措，"双创"教育逐渐得到人们的重视。但是，一些地方高校对"双创"教育的意义与重要性认识还不到位。甚至一些教育管理者认为"双创"教育是针对少数大学生的创业实践和就业行为，忽略了"双创"教育对人的综合素质和能力的提升以及职业品格塑造的根本作用，忽略了对学生创新精神和创业理念的培养。

第二，目标导向不明确。如今，"双创"教育已经引起社会各界的广泛关注，但是很多地方高校开展"双创"教育的目标导向不明确，影响了"双创"教育水平的提升。教师方面，因缺乏有效的激励机制，导致其带领学生创新创业的动力不足；学生方面，因学校不重视创新创业能力的考核，导致学生自身创新创业的积极性不高。

第三，"双创"教育的师资力量较薄弱。"双创"教育落实的关键在教师。目前，我国高校创新创业教育教师队伍不仅数量不足，而且知识结构也不能满足创新创业教育多学科结构的要求。在很多地方高校，从事"双创"教育的教师主要是通过 KAB、SYB 等短期培训转型的，因而"双创"教育的授课内容往往偏重理论，纸上谈兵较多，缺乏创新创业实践经验的支撑与指导，很难提高学生的积极性。

第四，"双创"教育课程体系不健全。目前，多数地方高校的"双创"教育只是引入了一些创新创业、职业规划类课程，课程内容局限在对创业方法、途径、技巧的讲解层面，缺乏严谨性和系统性，没有形成相互渗透、贯穿于教学过程各个环节的课程体系。诸多高校通常把创新创业教育作为学生职业生涯规划的一部分，没有形成专业的课程体系，尤其是在课程安排与教学内容方面缺乏明确的专业定位。

第五，"双创"教育载体建设不均衡。相比学术型高校，地方高校在创新创业教育方面起步较晚，资金投入有限，缺乏结构合理、功能互补的"双创"教育载体群。

三、校企合作完善"双创型"人才培养的探索

河北科技大学是河北省重点建设的多科性骨干大学，坚持区域性、应用型的办学特色定位，坚持大力深化教育教学改革。随着国家京津冀协同发展、"一带一路"和雄安新区建设等重大战略的部署，河北科技大学作为京津冀一体化区域中的骨干地方高等院校，其电气工程学院在服务区域经济发展，特别是校企合作进行"双创型"人才培养方面进行了一系列有益探索。

"双创型"人才应具有扎实的知识根基和较完备的知识结构；具有良好的自主学习、再学习的习惯和能力；具有创新创业意识和坚忍不拔的精神、意志；具有敏锐的洞察力、独到的思维方式，善于判断和把握机会；具有高超的创新能力，实践、实施和拓展能力；具有优秀的团队精神、合作能力和社会竞争力。如何在学校向应用型高校转型的同时，结合"双创型"人才培养模式进行探索，河北科技大学电气工程学院在以下三个方面进行了改革。

（一）企业参与"双创型"人才培养方案与课程体系的完善过程

"双创型"教育旨在培养学生的创新思维、创业意识和实践能力，不是创新型教育与创业型教育的简单叠加。如何结合河北省经济发展目标科学定位，是电气类专业"双创型"人才培养目标制定的关键，河北科技大学电气工程学院在培养方案优化过程中，针对京津冀区域发展特点，结合河北省产业升级趋势，突出以创新创业能力的持续成长为核心，集理论教学与实践训练为一体，培养专业基础和专业能力，同时融入行业应用能力的系统化训练，培养能够有效服务于区域经济发展的人才。

在培养方案的优化过程中，笔者所在院校积极引入企业参与机制，通过企业技术负责人与专业对接的形式，共同讨论适合"应用型"人才培养需求并能够拉动河北省区域经济发展的地方高校培养方案。由企业从用人单位的角度提出对人才知识结构和能力的需求，并融合到培养方案和课程体系的优化细节当中。

学院和专业依据"厚基础、宽口径、多方向、强应用"的原则，重新构建理论课程和实践课程并重的课程体系，实现课程体系从"理论理解能力"向"反思实践能力"转变。在理论教学方面，突出重点专业课程的核心地位，兼顾专业能力与创新创业能力的培养。将工程训练贯穿整个学习过程，根据电气类的专业特点，构建认知实践、基础实践、综合

实践和专业实践四层次树状实践教学体系，并依据各层次实践环节的特点，有效实现校企结合，聘请企业高级技术人员作为校外导师，参与到日常教学特别是实践环节中。

河北科技大学电气工程学院还进行了课堂教学组织形式改革，开展工程任务课程化、教学任务工程化的教学模式，通过校企合作和校外实习单位等多渠道引入工程实践职业环境，让学生通过与课程相关的实验、上机和课程设计等实践环节加深理论学习，提高实践技能，同时通过学生解决实际工程问题，提升创新创业的自信心与综合素养。

创新创业教育的主要过程是培养学生创业基本素质和开发创业能力，使学生全面具备从事创业实践活动所必需的知识、能力及心理素质，因此对课程间的知识体系梳理和衔接提出了更高要求。河北科技大学电气工程学院根据课程之间的内在关系，将电气类专业的电学类、控制类、传感器类、光学类、机械类、行业知识类和实践环节类七类课程以知识递进的逻辑关系进行课程地图的逻辑规划，实现课程体系的整体优化组合，在完善课程体系的基础上，提高企业在行业知识类和实践环节类的参与比例。同时要与学生管理机构的职教类课程人员有机配合。通过校外导师参与专业课程讲解、企业专家指导学生毕业设计和实践竞赛等环节，给学生传授创业实践的经历，让学生在课堂上就能直观了解企业工作的特点，有效提高学生的专业核心技能，有益于学生在心理上为创新创业做好准备。

（二）校企合作共建"双创型"人才培养实训基地

在国家实施"中国制造 2025""雄安新区""一带一路"等重大发展战略的大背景下，河北省明确建立了"全国现代商贸物流重要基地、产业转型升级试验区、新型城镇化与城乡统筹示范区、京津冀生态环境支撑区"的功能地位，不仅为河北省加快转型发展、创新发展指明了方向，也为笔者所在院校电气类人才培养指引了新的目标。只有培养科学基础深厚、工程能力强、综合素质高的工程科技人才，才能为区域经济转型发展提供有效支撑。

深度开展校企合作实训基地的建设要分层次开展：首先，要探索高校与企业的价值融合，形成校企之间的合作共识，对实践教学基地的功能、定位、属性、建设原则、建设要求、建设思路、建设标准等进行深入研究与实践；其次，尝试实训基地运行新模式，依据调查—研究—实践—再研究的思路，将企业文化和创新创业思想引入教学，结合开放实验室管理制度和导师制度，形成校企既分工又合作的全方位、全过程、多层次合作的运行模式；再次，利用校企合作实训基地对应用型高校师资队伍进行优化，加大对中青年教师培养的力度，积极鼓励教师服务企业、进入企业兼职锻炼，增强教师创新创业意识和能力；

最后，探索和应用校企联合办学模式、实习基地模式，使学生在学校和企业之间实现"零对接"，完成学生向企业技术人员的角色转变，提高学生的实践能力和创新创业能力。

1. 基于校企深度合作的实训基地对师资队伍的提升

培养"双创型"人才的关键是师资队伍，"双创型"培养目标对教师提出了新的要求，不仅要具有良好的职业素养、专业知识，更要具备扎实的实践技能，能够不断学习新技术，同时应用于教学过程中。适应"双创型"人才培养的教师还要具备创新创业的教育观念，能够将科研和教学紧密结合在一起。此外，还要具备独特的人格魅力，吸引学生参与到教师指导的创新创业活动中。河北科技大学电气工程学院在一系列鼓励教师参与工程实践和知名高校访学的政策上，开展了适用于电气类专业教师的培养工程，提升现有师资队伍素质，激发教师成功转型。

高校教师工程实践能力的欠缺，既影响教育教学活动的开展，也限制了教师自身科研活动的深入进行。河北科技大学电气工程学院建立和完善有关教师工程实践能力培养的激励、约束、考核机制，要求新入校的青年教师按照师资队伍建设的需要，必须经过半年至一年的工程实习锻炼。而且工程实习不是一次性的，要求与专业有关的教师都定期参加工程实习经历并提交实习报告。同时创造更多条件，持续增加校企合作的力度，结合河北省特别是石家庄周边的知名企业，先后建立产业孵化基地和实训基地。2016—2018 年期间，电气学院结合区域经济发展优势力量，先后与省内外 11 家知名企业签订了实践基地协议，支持教师特别是青年教师有计划、有侧重地到相关行业实习，积累工程实践经验，把理论知识与生产实际相结合，完善知识、能力、素质结构，及时了解行业的新技术、新成果、新工艺；鼓励教师与企业联合承担各类横、纵向科研课题，在促进科研成果转化为生产力的同时，密切了高校与企业的联系，教师也获得了实际工程实践能力的锻炼。

2. 校内外实训基地的建立和有机配合

河北科技大学拥有良好的学生创业训练平台，如飞翔创客空间、大学生就业创业实践基地等，在现有平台的基础上，结合"双创型"培养方案，以校企合作的形式开放具有鲜明电气专业特色的学科平台。目前，该大学已开放飞行器设计、机器人设计、电机控制与设计等专业创新平台。此外，学校建立了独立的大学生科技创新活动实验室，组织专人进行管理与培养，为学生创新创业活动提供了有效支持。在校内各类实践基地中，以职业技能训练为主要内容，以实践创新创业能力的培养为目标，采用教师指导、学生主动参与的教学方法，是学生将知识转化为能力、将理论应用于实际的重要渠道。

除了建立校园内的实践基地外，河北科技大学还制定政策积极将应用型本科生"推出"校门。我国经济体制的持续改革对大学生的综合素质提出了更高要求，需要高校培养的人才的能力和企业的实际用人需求之间高度匹配，这一需求不仅对学校教学改革提出了新要求，也为新形势下的校企合作提出了更高的目标。除了让企业深度参与培养目标与课程体系的优化过程外，从人才培养需求分析出发，河北科技大学结合地方高校特色，深入、全面进行校企合作人才培养，探索和完善应用专业类学生分类培养的模式，将学生按照考研和就业意愿，在本科阶段后期，分为学生完全进入企业培养和在学校开展学习并由企业和学校教师共同培养两种形式，针对应用技术类学生的两种情况分别设计最适合的相应教学环节和评价体系。

（三）校企合作开展实践教学"第二课堂"

"第二课堂"在教学组织的灵活、管理的开放、资源整合的广泛、资源配置的自主等方面凸显了它的优势，是"双创"教育的有效途径和载体。"第二课堂"较少受时间和场地的限制，更注重的是实践和运用。在"第二课堂"中，学生团队的组成及能力的培训过程跨学科、跨专业，知识交叉、渗透互补，具有综合性；运作过程中，有分工、有协作、取长补短、能力互补，凸显团队精神；与社会接轨较为紧密，有助于提高学生社会化程度；为学生提供了自由的思维空间，能够创设一种特殊的文化环境来实现"环境育人"的功能，达到"第一课堂"以外的教育目的和效果。

电气工程学院与相关企业建立了长期的实习机制，将"第二课堂"延伸到企业中，组织电气类专业学生在不同企业进行不同层次的实习活动。先后与河北电机股份有限公司、石家庄裕华热电有限公司、中节能环保能源有限公司、石家庄科林电气股份有限公司等电气类相关企业开展实习。这种实习活动摆脱了以往以参观为主的走马观花式教学，而是组织学生参与到教师与企业合作的科研项目中，或者安排学生进行企业内部的个性化实习和顶岗实习。这种教育目的和效果将潜移默化地影响了学生，并逐步内化为学生的素质，增强了学生的求知欲望，激发了学生的"双创"意识和思维，提高了学生的"双创"能力。

为保证"第二课堂"的影响力深入全体同学中，电气工程学院每年都组织一系列院级电子设计大赛、节能环保大赛及"创新创业"大赛等竞赛环节，逐步建立以专业教师和企业导师为指导的学生梯队，在学生中宣传创新创业思想，鼓励学生在理论学习的同时积极投入实践。电气工程学院以竞赛为依托，以专业教师和企业专家指导为助力，以获奖为激励，有效激发了本科生参与创新创业活动的兴趣，使得学生的个人能力得到显著提升。笔者所在院校每年在国家级、省级各类实践竞赛中均获得优异成绩，学生参与创新活动积极性高涨，也培养了一系列真正具备"双创"能力的专业毕业生。

高校作为培养创新创业型人才的主要基地，在培养具有创新创业能力的"双创型"人才方面具有不可推卸的责任。本节旨在结合业界对电气类专业人才的需求规格，从构建以能力培养为导向为出发点，阐述了河北科技大学电气工程学院在"双创型"人才培养过程中与企业深度合作的系列举措，通过与企业联合，搭建多元化人才培养平台，结合河北省区域性和电气专业性的特点，探索和应用校企合作办学模式、实习基地模式、项目合作模式等，达到提高学生实践能力和创新能力的培养目标。未来还会不断总结、推陈出新，真正深化校企合作并将"双创型"人才教育落到实处。

第三节　校企合作背景下高校金融人才培养

一、校企合作模式下金融人才培养的现状及问题分析

（一）校企合作机制不健全

与传统金融企业相比，互联网金融企业在进行风险控制和提供行业服务时，巧妙地运用了互联网的管理技术和服务思维，这种超越传统金融企业的管理及服务模式，要求互联网金融的从业者必须兼具传统金融专业的理论知识和互联网领域的工作思维模式。

目前的校企合作教育机制中，实践教学和理论教学两个环节还不能有效地进行衔接，大多数高校学生都是在学校学习了相关理论知识后，再由学校分派到互联网金融机构的相关岗位上进行实习，学生在接受理论知识的过程中，没有对金融企业的岗位及人员素质需求进行相关了解，无法学以致用。而在互联网金融的实际工作中，能够胜任互联网金融岗位的职员，既需要掌握综合金融专业知识，又必须熟悉互联网金融行业的详细工作流程、工作标准及行业服务要求。

由此可见，高校的教育培养与实际需求相脱节。学生在高校接受的教育，主要是缺乏实际针对性的金融专业理论教育，缺乏金融企业对人才培养的良好介入，校企合作教学机制不完善，学生毕业后无法快速适应并操作实际的互联网金融业务。

（二）金融实践教学体系不完善

随着金融企业向互联网进行转型，高校逐渐认识到金融专业的高等教育亟须向应用型转型。但是，在学校与金融企业进行合作教学的实际过程中，学校和企业均忽略了双方共赢的局面，对双方共同的利益和目的欠缺考虑，导致高校的金融实践教学体系并不完善。

学校在培养学生时比较注重学生专业知识的专一性、基础性，而互联网银行及互联网券商这样的企业偏重于招收综合水平比较高的工作人员。当理论教育与实践教育脱节时，会出现两种情况：一是部分学习网络技术专业的学生，虽然对互联网技术方面的工作比较娴熟，但是在金融专业知识方面比较欠缺；二是部分学习金融专业知识的学生，在金融理论知识方面比较有优势，但是在计算机网络技术方面不够成熟。

（三）高校教师的实践应用素质欠缺

目前，许多高学历的青年高校教师都是从学校毕业之后直接走向高校教育的工作岗位，虽然具备扎实的理论知识，但是缺乏丰富的实践经验；从企业外聘的导师虽具有深厚的实践工作经验，但是金融理论知识不过关。因此，僵硬的用人机制制约了师资力量在实践与理论方面的合理衔接，高校教师普遍缺乏实践应用素质，导致高校在进行校企合作的实践教学时，教学目标和教学定位不准确。

二、校企合作构建"互联网＋金融"的人才培养模式

（一）共建专业

互联网的出现加速了金融行业产业结构的重建和升级，在这种背景下，高校对金融专业学生的培养模式也需做出相应的改变。然而这种转变不可能简单地通过对一些课程的调整或是增添相关的专业术语就达到改革的效果，而应当根据现有的行业需求去系统地调整人才培养方案，包括理论和实践课程的转型升级。面对这种挑战，单纯地靠高校的力量是很难完成的，这就需要企业和高校合作，协同建立新专业。"互联网＋"校企共建专业需要将大数据等互联网技术用于预测企业的用人需求、动态地调整专业设置和培养方案，使得改革符合企业的用人标准。具体来说，通过校企的深入合作来熟知行业未来的发展以及对人才的具体要求，明确高校人才培养的目标，围绕此目标来更新专业和课程设置，并依托大数据分析来寻找具有发展潜力的金融方向。在挖掘新方向后，由校企双方对培养方案进行共同修订，针对需求系统地设置课程体系和内容，突出金融专业应用型的特点。

（二）共培师资

基于互联网的发展，高校教师也应及时转变教学理念，学习互联网知识，培养互联网思维。高校教师可与企业合作，积极探索并尝试微课、慕课和翻转课堂等教学手段，以激发学生的学习兴趣，提升教学效果。在课余时间，高校教师可与金融企业建立 QQ 群和微信群，共同探讨行业的实际发展状况、金融热点和经济政策等，提升双方对金融知识的认知。另外，高校教师可进入金融企业调研或是体验相关金融岗位的工作，熟悉该行业的操作流程，提高自身的实践教学能力。金融企业也可派相关职员到高校兼职教学工作，成为学生实践课程和就业方面的导师，以提升学生的实践能力。

（三）协同教学

为了丰富教学形式，提高实践教学效果，校企双方可以依托互联网建立在线学习平台、远程教学和顶岗实习动态管理系统。线上教育在现阶段非常流行，可为学生提供自由自主学习的机会。金融企业和高校可共同出资打造在线学习平台，使该平台资源既融合金融专业的理论知识，也提供金融企业日常工作中的实际操作流程和视频。学生可通过点击下载的方式保留这些资源，从而为自主学习创造条件。此外，实践课堂还可通过远程教学的方式体现，将金融岗位的具体操作流程向学生进行情景再现；同时高校教师可向学生进行解说，在遇到不明白的问题时可随时讨论交流，以提高学生的课堂积极性和操作技能。在学生实习阶段，校企双方可建立顶岗实习动态管理系统，用于管理和指导学生实习，避免学生出现态度懒散、不认真的情况。

（四）共促就业

人才培养的最终目的就是能够符合行业需求，因此，校企双方应共同努力培养高素质人才，提高就业的比率。例如，校企双方可加大推行"互联网＋"大学生创新创业活动的力度，对大学生的互联网和创业思维进行培养，发掘优秀人才和项目，对比较好的项目提供资金支持，推动项目的开展。另外，高校可定期邀请金融或互联网等企业进入高校开展创新创业论坛，多角度、多层次地为师生分享经验和想法，还可聘请这些企业家作为高校创新创业的导师，指导学生开展创新创业项目。此外，高校也可和企业合作利用互联网技术建立孵化基地，为学生提供真实的就业模拟环境，让学生提前体验金融行业的岗位，并根据日常的训练逐渐形成岗位体验库和职业技能评估报告。这些都是提升就业率的创新方式。

三、"互联网+"金融人才培养模式的实施路径

（一）培养互联网思维

随着互联网技术对金融行业的渗透和融合，高校对金融专业的人才培养理念也应随之改变，应将互联网思维纳入日常教学中，强调互联网和信息化技术的重要性。因此，要求学生不仅要掌握牢固的金融专业的理论知识，而且要重视计算机的考级，掌握互联网知识，以满足现阶段金融行业对泛人才的需求。

（二）提升金融专业教师的信息化教学水平

现在大多数高校金融专业的教师仍注重对金融专业理论知识的讲解，而对信息化技术掌握甚少，无法在课堂上真正地做到将互联网和金融知识进行深度融合。所以，各高校应加大对教师信息化培训的力度，考虑到每个教师掌握的程度不同，高校需做到个性化且分层次的培训，并将教师的学习情况计入年终考核和职称评定，避免教师在培训中出现敷衍、不认真的态度，最终使高校教师较好地掌握相应的技术。这样就可让教师在教学的过程中充分利用互联网手段丰富教学内容和教学形式，对学生进行线上和线下培养，进一步提升教学效果。

（三）建设与"互联网+"相配套的教学资源

随着"互联网+"在教育和金融方面的应用，高校必须改革原有的教学资源和环境，以适应现代教学的要求。在人才培养方案的设置上，高校应根据现实需要，添加互联网金融和计算机网络等相关课程，并增加这些课程在实践环节上的学时；在专业课程建设方面，除传统的纸质材料外，应建设与之相对应的电子资源平台，包括电子课件、案例库、微视频、重难点 Flash 动画、试题库和在线测试等。现在市面上有些教材提供了二维码，学生用手机扫一下二维码就可获得相关知识点的介绍和案例等，为学生的自主学习做了良好的铺垫。因此，高校可借助互联网平台将教学资源数字化、立体化地展现给学生，促进金融专业教学的改革和教学质量的提高。

（四）加强校企双方的深度合作

由于高校受经费和办学条件的制约，想要建设一系列与"互联网+"相配套的教学资源是比较困难的，这就需要企业积极、深入地参与到高校的信息资源建设和日常教学中。校企双方可共同研究互联网技术和金融市场的发展趋势并制订相应的人才培养方案，还可

建立配套的信息资源平台，将互联网技术充分地应用到金融专业的教学上。此外，校企双方也可通过孵化基地、校内外实训基地、"互联网＋"大学生创新创业平台、远程互动教学平台等的建设来加强对学生实践操作能力的培养。

互联网技术的出现极大地改变了人们的生活方式和生活习惯。因此，高校也应顺应时代的变革，充分地利用该技术进行金融专业的教学改革，全面提高师生素质。基于此目标，高校需加强与企业合作，不断寻找和挖掘创新的合作形式，建立新型的合作关系，共同培养泛金融人才。

第四节　校企合作下的高校创新创业人才培养

近年来，随着"大众创业、万众创新"口号的提出，我国创新创业发展取得了里程碑式的进步。从教育部门公布的数据来看，我国高校毕业生人数不断增加，2015 年约为 727 万，2016 年达到了 765 万，2017 年增加至 795 万，就业形势越发严峻，在这一背景下，很多大学生走上了自主创业的道路。基于此，校企合作培养创新创业人才的意义更加重大，不仅要从行动上帮助学生提高实践能力，更要从思想上帮助学生培养创新意识，进而从整体上提高社会创新能力。

一、校企合作模式下高校创新创业人才培养概述

在校企合作模式下，学校和企业结合双方优势，学校为学生提供理论知识基础，企业则为学生提供将理论应用到实践的机会，双方共同培养创新创业型人才。从教育模式上来说，校企合作教学是对传统教学模式的创新，弥补了传统教育方式对学生实践能力培养的不足。

校企合作教学重视培养学生的创新能力和实践能力，创新创业人才培养就是从这两个方面出发的。创新是一个相对概念化的过程，即在某种环境下，突破固有的思维模式，对现有事物进行改造或发明新的方式方法；创业则倾向于实际行动，主要从经济的角度来定义，是一个人在发现商机并实施后创造经济价值、获取经济利益的行为。创新与创业是相辅相成的，创新是创业的源头，创业是创新的结果。

校企合作模式下高校创新创业人才的培养需要结合社会发展需求与高校和企业的具体

情况,力求对高校和企业的教育、实践资源进行最大化利用,建立"以学生为主体,以创新为目的"的人才培养体系,摆脱传统教育模式下的填鸭式教学,充分激发学生的主观能动性,为社会培养真正需要的人才。

2015 年 5 月,国务院办公厅印发的《关于深化高等学校创新创业教育改革的实施意见》(以下简称《意见》)指出,"各地区、各高校要落实立德树人根本任务,主动适应经济发展新常态""加快培养规模宏大、富有创新精神、勇于投身实践的创新创业人才队伍"。《意见》明确的九个重点任务中,仅靠高校自身完成,既不符合现实情况,也不符合逻辑关系,所以还需要企业积极参与。

二、创新创业教育的理论基准

创新创业教育是创新创业人才培养的核心,只有将创新创业教育的概念剖析明白,才能有的放矢,进而谈论如何进行创新创业人才的培养。东北师范大学的学者用多篇文章从不同角度论证了此概念。在《光明日报》2013 年 3 月 14 日第 11 版,张澍军论述了"作为理念和模式的创新创业教育",总结了创新创业教育以培养创新精神、创业意识和创业能力为基本价值取向。王占仁分别在 2012 年 3 月,2015 年 5 月、8 月发表文章阐述广谱式创新创业教育,通过与相关概念释义进行对比,推论出广谱式创新创业教育体系建设的全覆盖、分层次和差异化三个基点:面向全体学生开展,目的是提高学生的创新意识、创业精神与实践能力;对有意向创业的进行个体化培养,提高实战技能;"嵌入"专业教育中。创新创业教育的四个层面的体系架构:"通识型"创新创业启蒙教育;与相关专业结合的"嵌入型"教育;"专业型"创新创业管理教育;"职业型"创新创业继续教育。创新创业教育中亟待破解的问题:无法与专业教育有机结合;把创新创业教育当成"老板、企业家速成班";在施行中有"创办企业论""第二课堂论""多数陪榜论"等内涵窄化现象。王占仁还在 2016 年 3 月展望了创新创业教育学科化的发展取向。

三、构建高校创新创业人才培养质量评价体系的原则

(一)科学客观原则

科学、客观是构建创新创业人才培养质量评价体系所要坚持的首要原则。第一,要对高校学生的心理特点和认知需求有科学客观的认识,从而摸索校企合作模式下高校创新创

业人才培养的规律；第二，要对社会所需人才的特点和要求有科学客观的判断，从而培养社会真正需要的人才。因此，在校企合作模式下构建高校创新创业人才培养质量评价体系，必须从实际情况出发，注意评价指标选取的科学性与合理性。

（二）全面立体原则

创新创业人才培养质量评价体系必须坚持全面性原则，通过层次化指标构建立体的评价体系。为了对人才培养质量有一个综合全面的评估结果，需要多角度、全方位地制定评价指标，构建层次化指标体系。

（三）系统设计原则

高校和企业在进行人才培养质量评价时，可以借助不同的指标，但需明确各个指标之间并不是完全独立的。高校和企业在评价过程中是不可分割的整体系统，明确人才培养质量评价体系的构建是一个系统化的过程，应遵循系统设计原则。

（四）动态发展原则

人才培养是一个动态化的过程，因此在建立人才培养质量评价体系时也应坚持动态原则，用发展的眼光看问题。与高校不同，企业面对的市场环境瞬息万变，坚持人才培养质量评价的动态发展原则，能够更加真实地反映校企合作模式下人才培养的动态变化。

综上所述，为了适应社会经济和科学技术的发展速度，满足当前市场产业结构转型发展的需求，必须不断加快对高校创新创业人才的培养，为社会输送更多的高素质创新创业人才。校企合作模式结合了企业和学校的双重特点，帮助培养学生的创新意识和实践能力，目前我国很多高校都与企业建立了合作，但双方在人才培养的方式方法上仍有一定的差别，导致不能完全发挥出校企合作教学的优势。因此，在构建人才培养质量评价体系时，要本着科学、全面、系统、动态的原则，明确人才培养目标，建立协同机制。

四、校企合作高校创新创业人才培养方法

高等院校在开展教育工作时，校企合作的有效落实是培养创新创业人才的重要保障，相关人员需要对其进行深入分析，确保能够高度适应现代"互联网＋"环境发展需求，强化学生创新创业能力，确保学生能够更为高效地参与创新创业，提升学生整体素质。那么高等院校如何更为有效地培养创新创业人才呢？

（一）科学改进课程体系

在现代"互联网+"环境下，高等院校需要对其教育教学观念进行科学转变，对其传统人才培养模式进行有效突破，遵循人才成长规律和教育教学规律，进行创新创业课程的合理构建，确保能够使其教育教学工作培养出更多的创新创业人才。首先，高等院校需要针对创新创业教育设立专项教育课程，确保能够根据相关行业发展对其课程教学造成的影响得到有效突破，在课堂教学中合理融入国际学术前沿和学科发展脉络，对学生进行创新性思维的科学培养，进而对其创新创业灵感进行有效激发，并将其合理纳入学分管理。其次，高等院校需要针对创新创业教学设立学科课程，为了更为高效地培养创新创业人才，高等院校需要对其多学科进行有效综合，确保能够合理构建跨学科课程，使其学科课程体系具有丰富的内容，在学生完成课程学习之后，授予其相应的学科证书。再次，高等院校还需要针对创新创业设立大讲堂，可以聘请行业尖端人士来校开设讲堂。大讲堂的科学开展，可以使学生和业界人士近距离接触，使其进一步明确创业的艰苦历程，进而对学生进行创新创业精神的科学培养。最后，高等院校需要对其教学考核方式进行合理创新，进行在线学习平台的合理建设，确保学生能够与教师以及学生之间进行更为有效的交流合作，科学应用翻转课堂，进行服务式、参与式、讨论式和启发式教学，确保能够对学生学习兴趣进行有效激发；同时还需要对其考核方式进行科学改革，引导学生进行自评和互评，确保学生能够合理应用课堂所学知识，对其知识应用能力进行重点考查。除此之外，还需要引进海外优质课程，确保能够对其教育资源和教育经验进行合理利用，进而对学生创新创业能力进行更为有效的培养，或者使其能够高度适应各种文化环境。

（二）强化师资队伍建设

教师专业素质对学校整体教学效果具有很大的影响，地方高校如果想要更为高效地实施创新创业教育，就需要合理配备专业教师，确保学生在参与创新创业时能够迅速抓住市场方向，从而实现成功指数的有效提升，确保学生在创新创业方面具有更大的动力。首先，高等院校需要为教师创新创业搭建实践平台，确保专业教师能够深入行业企业进行锻炼，鼓励教师对学生创新创业进行有效指导；同时还需要基于产学研结合进行科技成果合理完善的处置，优化收益分配机制，确保创新创业教师可以对专业知识进行更为高效的应用，将科学转化科研成果，进而对其实践经验进行有效的拓展。其次，高等院校还需要针对创新创业教育建立考核激励机制，在教师绩效考核、岗位聘用和职位评聘等方面合理融入创新创业教育；同时还需要针对教师创新创业教学设立专项奖，并为创新创业教育筹集大量的基金，有效激励在创新创业教育方面做出突出贡献的教师，确保能够对教师利益进行有效的保护。最后，高等院校需要对创新创业教师加强能力培训，如组织专职教师进行骨干研修、课程轮休和岗前培训；同时还需要引导相关教师积极参与行业企业生产，确保能够实现教师专业技能和职业体验的有效提升。除此之外，高等院校还需要在校园内科学引进优秀项目资源和企业工程师，设置"第二课堂"，对教师创新实践能力进行更为有效的培养。

（三）打造校企合作平台

在现代"互联网＋"环境下，强化校企合作，能够保障高等院校和相关企业共同发展、互利共赢，进而对学生进行创新创业能力的科学培养，强化学生实践能力。高等院校在具体推广校企合作时，首先，学校需要在课堂中科学引进资质认证和企业认证，在培养学生实践能力方面，学校需要严格考察相关企业，以承认学分和选修课等方式在课堂中引进相关资质认证和课程认证。因此，针对创新创业教育建设相关实践基地，高等院校需要向社会企业拉取赞助，共同构建创新实践基地。与此同时，相关企业还需要为学生设立创新实践基地，确保学生在实践活动中能够有效结合相关教育理论，高等院校可以研讨学生参与实践基地，确保学生可以对相关企业进行实地考察，使学生更为深刻地了解创新创业。其次，学校还需要和相关企业进行合作办校，合理创新办学体制，确保能够吸纳丰富的企业资金和企业资本，使教育工作实现校企合一，进而确保高等院校能够更为高效地实施创新创业教育。高等院校在具体进行校企合作时，需要在创新创业教育中合理融入营销单元和研发单元等模块，确保能够对学生进行更为有效的专项化培养，强化学生创新创业技能。

总之，高等院校在开展教育工作时，要通过科学改进课程体系，强化师资队伍建设，打造校企合作平台，确保有效落实校企合作，进而培养出更多创新创业人才，使其教育工作高度适应现代"互联网＋"环境，推进现代教育教学活动的进一步发展，实现整体教学质量和教学水平的全面提升，强化学生整体素质。

第五节　校企合作视角下高校传媒人才培养

随着传媒技术的快速发展和社会资讯需求的日益丰富，传统媒体与新兴媒体不断加快融合，推动传媒行业自身快速变革，同时对高校传媒人才培养提出了更高的要求。传媒企业具有行业前沿的新技术、新思维，高校具有丰富的传媒教学与研究资源，二者整合资源，合作培养紧贴行业需求的高素质创新型传媒人才是解决当前传媒人才问题的重要途径。根据传媒学者刘蒙之、刘战伟的《中国传媒人才能力需求报告（2018）》统计，全国有681所高校开设了1244个新闻传播本科专业点，在校本科生约23万人，在校教师约7000人。其中新闻学326个、广播电视学234个、广告学378个、传播学71个、编辑出版学82个、网络与新媒体140个、数字出版13个。该报告指出，我国传媒行业真正缺少的是适合传媒岗位实际需求的人才，当前和今后一个时期我国传媒行业人才供给和需求两侧都有问题，但矛盾的主要方面在供给侧。如何解决传媒行业人才供给侧问题，关键在高校。

高校与企业在人才培养体制、人才评价标准方面的巨大差异，高校传媒人才培养与市场需求产生了一定的错位，需深入分析其原因，探寻对策，走出传媒人才培养困境。

一、高校传媒人才培养现状与困境

（一）教师行业经验严重不足

高校传媒专业教师是学生专业入门的引路人，对学生专业发展至关重要。专业教师的产业视野、专业技能、研究能力等深刻地影响着人才培养质量。目前高校传媒专业教师绝大多数是从本科一路读到博士，从高校毕业后直接进入高校任教，几乎没有任何传媒行业工作经验，无论是从事教学工作还是研究工作，都与产业隔着距离，进行着"纸上谈兵"的工作。传媒行业深受信息科技发展的影响，技术更新迭代的加速引发了市场的快速变化。理论更新迭代的速度远远落后于信息技术的更新迭代，产业中出现的往往是比理论场景更为复杂的媒体运营环境。高校里单纯的理论教学只能培养学生基本的传媒理论素养，无法很好地运用在产业实践中。没有任何传媒产业经验的教师要培养出满足传媒产业需要的高素质人才，是当前高校传媒人才培养的悖论。一方面，传媒企业叫苦，招不到满意的人才，招进人才后还要继续培训方能上岗；另一方面，高校传媒专业学生难以找到与期望值相匹配的工作，必须继续学习新的技能才能觅得合适的岗位。当前高校普遍开展校企合作，聘请业界导师，但受校、企各自体制的限制，外聘的业界导师来校"蜻蜓点水"式的授课显然无法充分满足人才培养的需要。

（二）学生人文底蕴积淀不够

当前高校传媒专业中新媒体作为传媒产业新的发展方向，越来越偏重于技术发展，图片处理、视频制作、APP小程序开发、H5制作等技能已经远远超过传统的新闻学和传播学采、编、播一体化中的技能要求，学生热衷于传媒技术的学习，追求新技术成为时尚。受技术化发展趋势的影响，传统的新闻学与传播学的人文性开始出现弱化的迹象，这直接导致信息传播中出现人文价值的弱化，引发社会整体价值观的下滑。但是从传媒产业发展的历史来看，信息传播中技术只是工具和载体，信息是内容，信息传播的过程是将内容经过创意运用技术载体传递给受众。在这一过程中，通常传播的内容需要经过创意才能成为特定群体所需的信息，技术工具和载体的运用同样要经过创意来实现。从这个意义上来讲，传媒产业属于典型的创意产业。创意的实现需要深厚的文化底蕴，没有深厚的传统文化积淀和现代社会科学素养，创意就会流于形式而苍白无力，信息传播的过程也会显得刻板僵化。

（三）社会资源利用效率低下

校企合作可以使高校传媒专业围绕社会媒体发展实际，服务地方经济建设，积极拓展办学资源，与企业、科研单位、相关实务部门联合开展人才培养和专业建设，为传媒专业长远发展打下坚实基础，有力促进教师专业教学与学术研究水平的提高，提升学生的理论水平与专业能力。"春江水暖鸭先知"，传媒企业对行业变化高度敏感，洞悉行业发展趋势，会根据市场需求及时调整战略，运用新思维、新技术推动企业发展。目前高校传媒人才培养仍然继续推行传统的规模化教学，人才培养方案、教学计划、教学人员、教学设备等相对固化，一旦调整，诸多要素就要随之变化。因此高校传媒人才培养模式过于固定，调整节奏缓慢，很难灵活地与传媒企业的实际需求相匹配。校企合作模式下，学校与企业在专业教学、产品研发、业务拓展、产业运营、项目研究等方面合作契合度不高，导致目前校企合作整体呈现形式大于内容的现象，双方实质性的融合互补力度不够，造成高校对社会资源利用效率低下。

（四）人才评价校企错位过大

人才评价是高校人才培养的指挥棒，对高校人才培养方案、教学计划、考核方式起决定性作用。高校传媒专业普遍实行规模化的人才培养模式，导致长期出现分类评价不足、评价标准单一、评价手段趋同、评价社会化程度不高的现象，对人才的培养还在传统的单一专业能力上徘徊，人才培养方案、教学计划、考核方式固定有余、灵活不足，不利于传媒行业人才创意能力的个性化发展。而传媒行业的人才评价是定位于行业长远发展的实际需求的，会随着技术的更新迭代不断变化并高度市场化。"一专多能"的全媒体技能是其首要标准，不仅需要"一招鲜"，更需要"百招全"。融合媒体时代传媒企业需要的传媒人才不仅要具备新闻、视频、图片、文字、音乐、平面、客户端等传统的细化处理能力，更要具备整合传播策划、运营能力，擅长融合产品多形式内容生产，精通各种介质的融合分发。对传媒人才的供给端高校与需求端传媒行业的人才评价标准进行比较，双方错位较大，显然不利于高校传媒人才培养质量的提升，也影响传媒行业的发展。

二、创新高校传媒人才培养路径

（一）师资队伍：不求其有，但求其在

校企合作为高校传媒专业的人才培养提供了更多的行业资源，外聘的业界导师、产业教授成为专业教学师资的重要补充，为专业教学提供了丰富的师资。高校在利用校外教学资源时要落到实处，大胆打破高校传统的用人机制，不求其有，但求其在。改变原有的或是管得过细过于僵化，或是放任不管、流于形式的局面，要进行服务式管理，为外聘教师提供良好的工作条件、薪酬待遇和评价机制，激发其育人的荣誉感和责任心，将产业一线的新技术、新思维融入教学之中，贴近行业实际需求培养学生的专业能力。企业针对市场发展新方向、新需求设立研究项目，支持外聘教师与高校内部教师联合开展项目研究，提供相应的研究经费和宽松的管理机制，实现研究成果的迅速转化。高校要建立灵活的教师行业学习机制，变通传统的对教师的考评办法，鼓励校内专业教师走进产业一线，学习研究行业新思维、新技术，具备一定的产业经验后重返讲台，将产业经验融入教学内容，使教学内容和教学手段与传媒行业的发展保持一致。

（二）学科建设：不求其全，但求其专

高校传媒专业学科建设要根据行业发展需求，做好顶层设计，打破专业壁垒，以培养全媒体人才为导向，在原有专业中融入全媒体理念，不求其全，但求其专，实用为上。要优化人才培养方案，构建应用型课程体系，充分整合校内外资源，发挥外聘教师的行业资源优势和校内专业教师的理论教学优势，建设"联合创作"课程教学团队，合力开发项目式教学课程，将传媒企业实际项目融入课程教学之中，坚持"真题真做"，以项目促教学，以项目评价教学，不断总结实战型教学团队的建设经验；在实践教学中支持学生利用微信公众平台、微博、头条等新媒体平台进行基本实践，通过实践深刻理解并掌握新媒体传播的基本规律，将理论知识转化为实践能力。指导学生组建校内媒体并尝试商业化运作，培养学生的媒体运营管理能力。高校传媒专业学科建设要充分借助外聘教师源自行业的国际化视野，吸收全球化的智慧与资源，注重提升学生参与国际媒体市场竞争的能力，为传媒

行业培养全球化竞争的尖刀力量型后备军。

（三）办学资源：不求其广，但求其用

高校与企业开展校企合作，要高效整合校内外办学资源，不求其广，但求其用。双方共同致力于传媒人才培养、实习实训和就业创业，为相关企业和单位人才招募、产品研发、业务拓展提供新机遇，同时加强产学研管合作，在产业运营、项目运作、课题研究、挂职锻炼等方面开展深入合作。建立良好的互动合作机制，共同组建合作共建委员会，指导、协调合作活动。合作共建委员会成员由学校、企业、行业管理部门相关工作人员等组成，定期召开会议，加强多方联系与信息交流，及时通报工作进展，协商调整工作方案，积极推进合作办学。共同建设合作教育管理平台，共建、共管、共享资源，发挥各自的优势，共同培养急需人才，共同开发专业课程，共同组织项目攻关，共同建设教学团队，共同拓展就业渠道，共同建立保障机制。双方互派工作人员或教师，进行专业讲座、学术研讨或实践交流，双方共同承担科研项目、履行社会服务功能等，实现理论与实践深度融合，培养传媒行业实用人才。

（四）评价标准：不求其同，但求其实

每所高校都有自己特定的发展定位和优势学科资源，因此每所高校的使命和承担的责任并不完全相同，高校在制定传媒专业人才评价标准时要紧贴行业发展需求，密切结合高校自身实际，在确保人才培养政治方向、人文精神导向不变的前提下，融入传媒行业人才评价标准，因地制宜、扬长避短、取长补短，制定科学的人才评价标准。在传媒专业本科生的培养过程中，前期一定要注重学生政治素养的养成和文化底蕴的积淀，加强传统文化的学习和现代社会科学素养的养成，在此基础上后期再加强专业技术的学习，使得内容创意能力与技术创新能力有机融合。在传媒专业人才培养评价体系中将政治素养、人文精神、专业技能、运营能力、产业视野等落到实处，洞察传媒行业市场与技术发展趋势，宏观把握行业发展方向，微观注重细分领域内容创意与技术创新，根据行业发展适时调整评价标准。

人才是传媒行业的第一生产力，传媒行业的快速变革给高校传媒人才培养带来了巨大的挑战，传媒人才培养必须紧贴行业变革需求，不断突破原有的局限。压力产生动力，校企合作中高校传媒人才培养要充分整合校内外资源，在师资队伍、学科建设、办学资源、评价标准等方面大胆突破现状，适应融合媒体时代对人才需求的新趋势，推动我国传媒行业的健康快速发展。

第三章　高校校企合作人才培养的分类研究

第一节　高校动画专业校企合作人才培养

近年来，我国动漫产业的发展势头十分强劲，众多高质量的动漫作品相继推出，不仅带来了巨大的经济效益，还给人民群众尤其是青少年的精神世界注入了新鲜的色彩。然而，时下的动漫产业逐渐趋于饱和，直接受到影响的就是动画专业的学生：一方面，动画专业的就业前景不被看好，已经连续数年成为红牌专业；另一方面，动漫产业成功过渡到成熟期，面临"招人困难，用人困难，留人更加困难"的尴尬境地。由此可以看出，高校动画专业人才培养机制存在某种问题，在一定程度上导致了毕业生就业难。同时，对于企业而言，高素质人才的缺乏和流失使其产生了较大的损失。此时，部分高校率先提出了校企合作的人才培养模式并付诸实践。人们发现，通过这种模式，学校和企业之间能够寻得发展中的微妙平衡，不但有效地解决了毕业生的就业问题，还实现了双赢，故校企合作模式被各高校动画专业广泛运用。

一、高校动画专业的发展现状

动画属于艺术学科，自诞生以来，经历了从简单到复杂、从平面到立体、从手绘到新媒体技术的发展阶段，整体呈现积极、稳健的发展势头。改革开放以来，我国动画产业得到了政策的支持，特别是在电视传媒成为主流后，逐渐走到台前，在人们的日常生活中占有重要的地位。21 世纪是知识爆炸的时代，我国动画产业面临专业人才缺乏的局面，国家相继推出了一系列促进动画产业发展的政策，各高校也相继开设了动画专业且招生人数逐年增加。虽然动画市场拥有广阔的前景，但是高校盲目跟从绝不是有效的人才培养战略，较之大力扩招，教育者更应该冷静下来，思考这样一个问题：高校培养出来的毕业生到底是不是市场所需的人才？答案可能是否定的。在这样的背景下，动画专业的人才培养模式开始被更多的教育者重视。

如今，经济、科技高速发展，动画产业的手段、载体、方式不断变化，需求的多样化带来的是对动画专业人才的要求越来越高。传统的动画人才培养机制已经难以满足社会的高诉求，复合型动画人才开始成为市场需求的主流，这对高校动画专业人才培养而言无疑是巨大的挑战。

二、校企合作人才培养模式的来源

校企合作这一概念脱胎于著名的教育模式"Cooperative Education"，它是由学校与企业共同制定的用于培养学生专业技能、增加工作实践经验的一种现代教育模式，因有效且出现了大量的成功范例而在国际上受到普遍认可。在西方一些国家，高校与著名企业、科研机构、团体的合作交流甚为频繁，已有上百年的历史，这种教学模式效率之高超过了其他教育模式，在应用型专业中表现得尤为明显。例如，美国高等院校开展了多个领域、层次的合作交流，与之合作教学的企业单位不胜枚举，甚至福布斯排行榜中的前一百强企业有多半参与了校企合作、工学一致的教育项目。

高校是人才的主要培养、输出基地，有着先进的教育理念作为引导，基于规范的教学制度和对人才培养规律的深刻理解，在集中且系统的学生教育方面恐怕没有其他教育机构能够超过高校。企业更像是实战场，虽然缺乏科学的教学手段和丰富的教学方法，但它所能够提供的是众多实践所需的设备、随时代迅速更新的技术理念和海量的优秀项目案例。动画是一门艺术，它需要长期积累的实践经验为日后的工作打下基础，校企合作模式中学校不能满足的条件就需要企业来保障。动画专业人才培养的团体性决定了它不能独立于项目而存在，作为动漫产业链的源头，高校动画专业承担了输送专业人才、保持动画产业活力的任务。校企合作人才培养模式是高校与企业的一次大胆尝试，双方通过发挥各自的资源优势，互相补充，共同担负着培养学生成才的任务。一旦系统的教学和积极的项目实践呼应起来，动画专业学生的核心竞争力就会大大提升，因此高校应积极联系有实力、有经验的动漫企业基地并与之合作，这在未来将成为一种常态，也是高等教育回报社会、参与地区经济建设及动漫产业发展的有效途径。

三、动画专业校企合作人才培养模式的主要特征

动画专业的人才培养主要依托于高校这个载体，利用其规范系统的教学资源、高超的科研水平，结合企业的项目实践优势，形成了集人才培养、项目实施、技术研发于一体的新型教育服务平台，主要特征表现如下。

（一）教学计划与企业项目息息相关

动画专业的教学计划不再是独立的，教学每一阶段的内容都会与企业项目有所关联。这是学校出于"以项目为引导，以过程节点为突破口"的考虑，使整个教学活动不再是盲目的、固定的，而是可以根据项目的实时变动进行灵活的调整，推动动画专业学生在教学和实践过程中找到适合自己的职业发展目标。

（二）教学内容偏重于实践

动画说到底是一门实践艺术，理论固然很重要，但是过去的教学在理论方面投入了太多的精力，导致学生进入就业市场后往往因实践能力不足而迷茫。所以校企合作的人才培养模式需要充分利用企业的资源优势，增加学生的项目实践机会，将动画企业的工作需求、行业规范、职业素养等日后学生可能会接触到的内容提前渗透在教学中，有助于强化学生的实操能力。

（三）人才培养方式多元化

校企合作改变了过去单一的课堂教学模式，通过多元化的人才培养方式，使学生更加深入地了解项目所需的技能手段。在不断的实践中，学生既能认识到自己某阶段的不足之处，又能通过教师的适当引导，增强自身解决问题的能力，还能在一定程度上提高责任心和信心。

四、动画专业校企合作人才培养模式的核心竞争力

（一）人才定位紧跟市场导向

目前，动画专业校企合作人才培养模式之所以备受院校青睐，首先就在于这种教育模式的人才培养定位可以根据市场导向灵活调整。市场的需求是行业前进的动力和方向，作为未来最具发展潜力的产业之一，动漫产业与游戏、服务、影视领域一样，迫切需要能够

满足社会多样化需求的复合型人才。可以预知，未来的人才一定是具有牢固专业基础和创新思维且熟知商业运作的。这种应用型人才较为缺乏，即便是插画师、3D 动画师、特效制作师等人才储备也不够多，企业往往人才紧缺却招不到合适的人才。造成这种现象的很大一部分原因是动画专业学生学了"不必要"的知识技能。这里的"不必要"的知识指的是当下社会需要不多或者需求饱和了的知识。如果高校不经调查，仍然往这些方向培养人才，就可能造成人才的积压，进而引发学生就业难的问题。

通过校企合作模式，高校可以直观地了解到市场的需求，掌握最新的就业信息，依靠专业指导委员会给予学生适当的职业方向引导，同时结合区域发展特征，对高校的人才培养目标、定位和具体的教学内容、方式做出决策。动画专业的学科跨度较大，教材体系涉及多个领域，毕业生应当具备艺术设计和新媒体操作的能力，能够融入团队协作的氛围，最好还能够根据自己的判断力和学习能力敏锐地感知市场的需求变化并调整自身的技能架构。如果高校与企业建立起了长期的合作关系，就需要定期派遣学生和教师深入企业，了解动画项目的详细操作流程，这样有利于学校和教师精确地制订人才培养方案。

（二）弥补高校教学资源的不足

动画产品的制作现在已经步入多维高清的时代，专业的摄影棚、录音室、影音编辑设备必不可少。因为这些设施价格不菲，一般的学校很难拥有它们，动画专业的学生甚至没有机会见识它们。高校难以建造大型动画实验室和实训基地保障实践教学质量，自然而然地就将目光投向拥有这些先进技术设备的企业。除了这些设施，企业还有技术娴熟的技师，可以随时指导学生，纠正学生在实操过程中的错误。这种校企协作的人才培养模式完美地诠释了专业培养与职业间的无缝对接。

（三）促进"双师型"师资队伍的构建

动画专业在我国发展的历史不太长，尚未形成完备的师资体系。动画具有强烈的交叉性，与计算机、影视媒体、美术设计等学科关联性很大，这就要求授课教师成为多面手，既要具备美术设计的功底，还要掌握先进的计算机绘图技术。校企合作模式适当地缓解了教师的压力，原因在于：一方面，学校定期派遣专业教师进入企业挂职，使教师可以深入学习行业最新的技术；另一方面，企业里的优秀导师进入学校对学生进行指导，可以强化学生的专业技能，使学生积累工作经验。这种"双挂"举措在很大程度上促进了动画专业"双师型"师资队伍的构建，对于年轻教师意味着珍贵的"充电"机会。

（四）丰富了实践教学

动画专业的教学体系包括许多实践性、操作性很强的教学内容、环节。就现阶段来看，国内高校的做法多是以动画的美术设计与计算机绘图软件操作相结合作为实践的主要内容。早期动画制作技术相对落后时，这种实践方式能够迅速地缩减学生基础方面的差异，营造动画的基本框架。如今，这种重形式、轻内容的实践已经不适合具有强烈应用性的动画专业，学生需要的是真正意义上的实践，是可以走向行业第一线的实践。第一，校企合作模式形成了理论知识与实践结合的纽带，在校企合作教学中，平时课堂中学不到的知识、发现不了的问题可以立马显现；第二，实践教学的多元化提升了动画专业学生独立思考的能力，无形中培养了他们必要的职业素养；第三，以往长期的应试教育导致学生动手能力略显薄弱，动画专业学生通过参与具体的项目，能够快速了解真实的动画制作流程，有利于日后迅速进入工作状态。

校企合作是时下动画专业一种新型而有效的人才培养模式，高校应当积极地联系有实力的动画企业，与其共同建立长期稳定的教学实训基地，这样既整合了社会资源，实现了教学体系的及时更新，又能让学生最快地进入动画领域，通过实操训练发现自己的不足，增强解决问题的能力。校企合作人才培养模式成功地为动画专业学生提供了一个更加广阔的学习、就业平台，充分展现了"以人为本，能力为先"的现代教育理念。

第二节　高校外语专业校企合作人才培养

校企合作模式是以市场和社会需求为基础导向的高等职业院校和企业双方共同培养人才的一种方式。校企合作是培养创新型人才的主要途径，强调学校和企业要充分利用各自的优势资源，进行全方位的合作，从人才培养、课程体系、实践教学、创新创业等方面，培养应用型人才。它强调的是在校企合作过程中双方要通过实践与理论的相互结合，通过对学生综合素质、综合能力、就业竞争力三方面的培育来增加高校和企业相互选择的概率。

近年来我国经济形势快速发展，各行各业对外语类专业人才的需求不断呈现出多样化的趋势，但地方普通高校外语专业教育理念普遍滞后，仍在沿用传统的语言加文学的教学模式，忽略了外语语言的实际应用能力和学生自身的创新创业能力，导致培养的外语人才与社会脱节严重，不能满足企业和用人单位的实际需求。因此，外语类专业校企合作协同培养面临很多问题。

一、外语类专业校企合作面临的主要问题

（一）企业经济效益目标与高校外语类专业办学目标之间的错位问题

企业、学校、学生三方各自追求的目标有差异，导致三方之间存在一些问题。企业主要以实现经济效益为目的，学校外语类专业追求办学任务和效益的最优化，学生追求的是成才和就业的便捷。很多外语类专业开展校企合作是为了解决学生就业问题，但是校企合作的出发点应从双方的角度考虑，不仅要培育符合企业需求的外语类人才，也要提升高校外语类专业的办学综合实力。多数企业认为外语类人才的培育应该是学校的任务，企业更倾向于采摘现成的果实，学生在校企合作过程中由于学业的压力和对职业规划的模糊认知而忽略在实践中培育自己的语言运用能力和跨专业能力。当今快速发展的社会正是需要复合型外语人才，这种人才不仅外语专业知识扎实，而且实际运用能力也能使其在走上社会后快速适应工作需要。

（二）校企合作过程中出现的持续性断裂问题

在企业、学校、专业三者的合作过程中，时常出现合作计划书流于形式、浮于表面等情况，在缺乏相应机制和合作内容单一的情况下，并未针对三者之间的特点和实际情况制订合作方案，因此在实施时会出现脱离合作方案的现象，偏离各自所要达成的目标而逐渐背离初衷，这导致了学校与企业之间合作连续性差的问题。学校与企业之间的合作大多是为了实现量化的绩效考核而进行的，并未从培养外语类专业人才的角度出发，在对学生学业、能力和素质的培育中没有形成有据可依的考核体系，校企合作的过程中也缺乏有效的测评和监督，这导致了一些学校和企业的合作过于形式主义。

（三）外语类专业校企合作领域较窄，导致学生的参与度受限

外语类专业学生在校期间由于专业知识学习偏重于文学素养培育，因而学生能够达到精通并运用外语。企业对大学生的要求是多元化的，除了要求其掌握所学外语专业知识，还需要他们具备其他方面的专业技能。有时学生在校内可以高分通过语言类级别考试，但进入社会后由于跨专业知识的断层导致工作不能顺利完成。

（四）校企双方师资沟通渠道不畅通

学校和企业在双方合作中，企业中经验丰富的员工作为学生的导师，可以把实用性的知识传授给学生，帮助学生拓宽眼界，为学生未来就业夯实基础；高校教师作为校企合作培育人才的关键角色也应积极融入企业，通过对企业员工的培训和沟通，增加员工的知识储备，提升其综合素质能力，为企业员工的继续教育提供师资保障。校企合作、产教融合，加强了师资的互动，使得双方从各自的角度不断加深对校企合作的理解，及时对学生的培育方向进行调整。但校企双方在合作过程中，经常会出现高校教师与企业导师因时间分配问题难以进行实质性的合作的问题，因此校企合作培育外语类人才的方式会因双方导师互动沟通不够而难以进行。

二、外语类专业校企合作人才培养实施策略

自习近平主席提出"一带一路"设想以来，全世界给予了普遍关注，沿线许多国家也积极响应。为推进实施"一带一路"重大倡议，以新的形式使亚欧非各国的联系更加紧密，互利合作迈向新的历史高度，2015 年 3 月 28 日，国家发改委、外交部、商务部联合发布了《推动共建丝绸之路经济带和 21 世纪海上丝绸之路的愿景与行动》。目前国家有关部门已制订了系统的跨文化人才培养计划，特别加大了对"一带一路"沿线国家语言和文化人才的培养力度。但对跨文化人才需求的多元性，决定了人才培养不能单靠高校，民间特别是企业，也要更新观念、增加投入，着力培养各类对外交往的实用型人才。外语类专业校企合作不仅是服务地方经济发展的需要，更为重要的是它能够推动高校外语专业建设的转型发展，实现"三个对接"：课堂与车间对接；教学过程与生产过程对接；专业设置与市场需求对接。转型是国家"一带一路"倡议下，高校走内涵式、特色化发展道路的迫切需要，只有将课堂理论与生产实践相结合，才能培养出优秀的应用型人才。一方面，高校吸收了更多的社会资本，提高了教学和科研水平；另一方面，企业能够为高校提供实训环境，增强学生的动手实践能力。

高校外语专业与化工、机械等专业相比，理论性更强，实践操作方面稍弱，学生学到的知识停留于理论层面，没有实践经验，这导致学生到就业单位时常常感到手足无措，不知如何学以致用，课堂所学与实际脱节。西安处于我国内陆，外资企业相对沿海较少，外语专业学生实习机会较少，就业时当地的选择机会也相对较少。这就更加迫使西安高校有必要更新教学理念，依托企业行业优势，充分利用教学资源，建立校企深度合作、紧密结

合、优势互补、共同发展的合作机制，加强与企业之间的合作，为学生提供更多接触社会、接触与其所学专业相关的实践机会。这有利于建立培养应用型人才的平台，寻找外语专业培养目标和实际需求之间的差距，是目前教学的极大需要，也是提高学生就业竞争力的有效途径。

高校外语专业与企业合作可以采取多语种语言培训服务、国际教育文化交流服务等。引进社会知名语言培训机构、文化教育交流等企业，高校与企业应充分利用双方优势资源：高校提供必要的场地、师资、学生等条件，语言培训机构、文化教育交流等企业提供优秀教材、培训体系、翻译资源等，双方共同组建团队。首先让学生进行专业理论知识的学习，并进行专业能力测试。将那些测试成绩优秀的学生送到合作企业进行深入学习，进一步提高专业能力，形成产学相结合的培养模式。企业对高校选拔出来的学生进行定期培训，培训后上岗，上岗学生不仅可以得到锻炼，还可以获得一定酬劳。具体合作可以采用以下路径。

建立专业课件制作中心，并配备电脑等硬件设施，学生根据教师的安排收集教学相关资料，配合制作课件。很多语言培训机构会开设网络课程或远程教学，学生也可以参与辅助线上线下教学的工作。企业根据学生工作效果及工作量给予一定酬劳。这样不仅使学生将书本所学转化为实践，锻炼了学生的实际应用能力，还体现了学生的劳动力价值，提高了其学习积极性。

合作企业提供实习场地和机会，并专门指定负责人，以师父带徒弟的形式指导实习学生的工作。学生实习时能够实现与企业的零距离对接，参与到实际的语言应用中，在合作企业里参与外语教学、助理教学或在线教学课件制作等各项工作，从而巩固专业知识，拓宽视野，积攒实践经验，借助这个实习和见习平台，更好地实现顺利就业。企业优先考虑录用优秀实习毕业生，适时组织同行企业召开专场招聘会，并向行业内企业推荐优秀毕业生。

教师与行业企业专家共同进行课程分析、制定教学大纲、融入职业元素、设计教学环节、研究授课方案、提出质量标准和考核方法。依据教学内容对实践经验的不同要求，共建课程由校内教师和企业人员分段授课或由企业人员集中授课，共同进行质量考核。

企业对参加校企合作的学生定期进行考核，考核内容包括理论、实践等各方面，并根据考核结果进行筛选，分等级进行着重培养，实现企业和学院结合的评价体系。企业对学习或实习期间有突出贡献的学员进行奖励，培训结束后根据高校的要求、专业性质对学生进行综合考评，考评成绩将计入学生在校成绩，作为学生的校内评优依据，同时企业向优秀学生提供奖学金。

高校教师可以到合作企业调研，这有利于高校教师开阔视野，加深对企业的了解，明确社会对专业人才的具体要求，对高校教师提升教学能力、拓展教学内容也有极大的促进作用，有利于加强"双师型"教学人才的培养。

高校外语专业学生通过校企合作锻炼可以将学习到的理论和教学方法应用到其他培训机构进行实践，从而积累经验，并得到一定报酬。高校与企业的合作经过一段时间的积累后，也可以将业务延伸到双方共同出资联合开办外语培训班等方式。通过此模式，不仅可以有效提高学生从业后的实践能力，缩减其转变为合格社会人的过渡阶段，而且更为直观地检验了高校的教学效果。

高校外语专业与企业合作，可以使学校、师生获得一定的经济效益，更重要的是学生能够参与到实际的语言应用中，巩固专业知识，拓宽视野，积攒实践经验，借助这个实习和见习的平台，更好地实现顺利就业，为学校外语教学创造一个良好的实践体系。通过创建不同的项目组合模式和流程，学生在校期间就能体验如何在商业模式下进行实践，从而提高学生解决问题的能力。校企合作可以开展各类课题研究、定向人才培养等，促进专业建设的转型发展，培养出适应地方经济社会发展需求的高技能应用型人才。

第三节　校企合作下高校装配式建筑人才培养

一、装配式建筑发展前景分析

随着社会经济的发展以及工业化历程的推进，传统建筑业呈现着一系列的问题，如能源消耗较大、污染严重、劳动力需求量大、生产方式粗放等。改变建筑建造方式，推动建筑产业转型升级，发展绿色建筑已成大势所趋。2016 年中共中央、国务院出台了《绿色建筑行动方案》，要求推动建筑工业化，推进建筑产业转型升级，降低劳动力，加快适合建筑工业化生产的建筑体系建设，发展建筑工业化基地，以绿色发展为根本要求。2016年 2 月，中共中央、国务院《关于进一步加强城市规划建设管理工作的若干意见》的出台，使全国兴起了装配式建筑的发展热潮，各地政府高度重视，纷纷出台相应的政策，积极推广装配式建筑，国务院城市工作会议中提出"力争10年使装配式建筑占新建建筑比例的30%"。2016年3月，李克强总理在政府工作报告中提出大力发展钢结构和装配式建筑，提高建筑工程标准和质量以及十二届人大四次会议提出"大力推广工厂式建筑、装配式建筑"。目前，全国近30多个省市级政府制定了推广装配式建筑的政策，我国住建部首次批准了13个住宅现代化产业试点城市，装配式建筑面积达8000万平方米，培育了70多个住宅产业化基地，由此可以看出装配式建筑的发展正大刀阔斧地向前迈进。综上分析，发展绿色建筑势在必行，而绿色建筑是实现建筑业的载体，装配式建筑则是绿色建筑的主体部分。因此装配式建筑将迎来巨大的发展空间，装配式建筑人才的需求也迫在眉睫，地方高校应高度重视装配式建筑人才的培养，以适应绿色建筑工业化的发展，为装配式建筑发展奠定人才基础。

二、校企合作、产教相融促进地方高校装配式建筑人才培养机制

（一）校企双主育人，推动产业升级

校企合作作为一种培养理论与实践综合型人才的新模式，备受高校和企业的青睐，越来越多的企业和高校加入校企合作培养人才的新模式中。高校作为人才培养输出的基地，装配式建筑的人才培养由于以往教育模式的局限性、自身资源的有限性、我国装配式建筑建造方式的缺乏及教师对装配式建筑专业生产操作的不够熟悉，造成培养的人才不能进行装配式建筑的生产；而企业对装配式建筑技术的生产相对于高校具有很大优势，但理论知识相对于高校不足。因此装配式建筑人才在校、企环境中，在学生与职工两种角色的互换中，将理论知识与实践相结合，不断促进自身专业水平的提高。通过理论与实践的学习，促进专业与理论的相互转化、融合，培养出不仅掌握扎实的理论基础，而且具有良好实践能力的综合型人才。校企双主育人培养装配式建筑人才为产业的发展提供了人才保障，人才的培养又推动技术的创新，从而推动产业的升级。

（二）校企合作招生，共筑专业发展

以人才需求为导向，校企合作招生，订单式培养装配式建筑人才，构建地方高校装配式建筑人才培养机制，助推地方高校专业发展。装配式建筑企业与高校共同招生，对于地方高校来说有助于其装配式建筑专业的构建与发展，促使地方高校不断完善装配式建筑教育教学设施，提升人才培养质量，促进专业发展；对于企业来说，通过与地方高校共同招

生能够协定人才培养目标、人才培养数量与对质量的把控，推动装配式建筑企业自身专业水平的提升。校企合作招生进一步加强了学校与企业的合作、教学与生产的结合，校企双方相互结合、相互依托、双向把握、资源互补、优势互利、共同发展，实现高校装配式建筑人才培养的现代化教育，促进企业生产力的发展，使教育与生产可持续发展。

（三）校企培养、产教相融，引领行业人才

地方高校与企业协同育人，装配式建筑人才由地方高校教师与企业导师共同培养，建立"一生两师"装配式建筑人才培养机制，研讨确定教学标准、专业课程标准、岗位标准、人才质量监控标准及企业导师标准；主导装配式方向教学方案开发、联合产业化试点城市主持企业调研学习、制定装配式实验实习标准、校企合作科研课题等；促进产教深度融合，共同完善装配式建筑人才培养机制。

三、校企合作模式下的高等院校装配式建筑技术型人才培养实践策略

（一）培养教师教学能力，提升课程教学效率

在针对高校学生开展装配式建筑知识教学过程中，首先需要对此专业的教师的教学观念及教学模式进行创新与转变。在校企合作模式下，由合作企业为高等院校提供专业的实践教学设备与专业的实践教学平台，由专业教师率先在实践教学平台上进行技能研究，这样不仅教师的教学理念可以得到显著提升，而且教师的实践技能也会得到提高。装配式建筑技术在应用时所遇到的难点问题与重点问题，应该连同关键技术知识一并列入教师进行实践知识学习的专业教材中，使教师在具备专业知识的基础上，拥有高超的实践能力。这样一来，无论是理论知识教学还是实践教学课程都可以由同一位教师进行，这样就可以真正做到理论知识与实践技能充分融合。在教师对学生进行理论知识教学时，实践技能的展示可以为学生简化理论知识的难度，将抽象化的文字转化为实践步骤，为学生带来更加直观的教学感受，以这样高效的方式提升学生对理论知识的理解与掌握；同理，在实践技能教学时，理论知识同样可以作为实践步骤的重要支撑，让学生通过理论知识梳理实践步骤，使实践技能学习变得既简单又有趣。这样为学生提供良好的理论知识与实践技能，可以使学生在进入工作岗位后，充分发挥自己的专业优势，对实践工作岗位中的各项技术与数据进行开发与分析，为装配建筑行业发展提供具备专业素质与创新意识的专业型人才。

（二）调整人才培养方向，提升学生与企业的契合度

在校企合作背景下，高校人才的培养方向应该做出适当优化与调整，调整方向应该与合作企业的发展需求保持一致，但是在调整过程中一定要注意力度适当。素质教育要求高等院校人才培养应该以学生综合素质发展为目标，因此无论是职业素养还是实践能力都是学生必备的专业素质之一。

因为合作企业是装配建筑专业学生未来就业的主要方向，高等院校应该结合合作企业的需求做出调整，为学生带来更具有针对性的实践教学，但是不可忽视职业素养教育、理论知识教育等教学内容，以免出现矫枉过正、过犹不及的现象。调整后的人才培养模式应该更加倾向于全面化、综合化，致力于培养一专多能的技术型人才，不仅要保证学生在课程学习后可以对装配建筑工程概念有所了解，而且要掌握相关的全部技能，并且对装配建筑相关理论知识和技术设备也有充足的掌握。不仅如此，在校企合作背景下，高等院校与合作企业应该共同合作培养学生的合作意识，及时对学生培养方向展开调整，提升学生与实习岗位的契合程度，解决以往高校学生在进入企业后与企业的内部员工由于理念不合，难以与企业相融合，出现排斥的问题。除此之外，学生的教学内容也可以结合企业岗位制定，在保证学生装配技术得到培养的基础上，尽量提升学生所学内容与实践岗位需求的契合程度，为装配建筑专业学生进入企业实习奠定坚实而稳固的基础。需要注意的是，教学模式改革过程中产生的费用，应该由学校与合作企业共同承担。高等院校应创新传统教学资源，并且运用现代化技术创建互联网教学平台，使学生在收获实践技能的同时，对装配式建筑专业的理论知识也充分掌握，构建现代化信息平台，优化装配式建筑专业教学模式。

例如，在高等院校装配建筑技术人才培养过程中，高等院校应该加强对校企合作模式的应用，为学生带来更加专业的理论教学与技术指导。首先，将以往装配建筑工程中出现的问题与技术要点作为学生理论教学的重点内容，让学生对相关工作岗位中的应用技术与工程要点问题展开分析，并将学生分析的结果作为对学生教学的重点内容。这样一来，学生所学知识与实际工作岗位的需求就可以紧密贴合，不仅有效提升了学生所学知识的实用性，而且解决了以往学生在岗位实践中所学专业与实际工作不对口的问题。其次，高等院校应该提升学生的实践课程比例，让学生在实训基地或者岗位实习中提升自身的专业素质。实际上，这些宝贵的实习过程都可以作为学生进入正式工作岗位的润滑剂。结合以往高校学生就业经验，多数学生在进入工作岗位后都表现出不适应的状况，而增加实践课程比例

可以很好地提升学生与岗位的契合程度。最后，在学生进入工作岗位进行实习的过程中，高等院校应该派遣专业的教师到学生实习企业中进行学生心理疏导工作，作为企业与学生之间的黏合剂，并且在这期间将学生在工作岗位中遇到的问题反馈给学校。

总而言之，校企合作模式与高校装配式建筑技术型人才培养模式十分契合，二者之间具有诸多互通之处。高校专业教师可以通过培养教学能力、提高课程教学效率、调整人才培养方向、提高学生与企业的契合度等方式开展学生教育工作，为高校学生核心素养教育、综合能力发展奠定坚实而稳固的基础。

第四节　高校工商管理专业校企合作人才培养

高校是知识创新的主体，更是创新创业人才培养的主战场。创新创业人才培养是高校的核心使命，工商管理专业有着极强的应用性，高校应全面加强对工商管理专业学生进行创新创业教育，努力培养大量学生成为创新创业人才，为我国早日实现由教育大国向教育强国转变贡献一份力量。

一、创新创业教育在我国高校兴起的时代背景

21 世纪是知识经济时代，在这种经济形态里，高校将成为知识创新的主要基地，也是培育创新人才的重要摇篮。21 世纪，国家竞争日趋激烈，而国力的强弱也越来越多地取决于劳动者的素质高低。这对培养和造就我国工商管理人才提出了更加迫切的要求，尤其是如何改革现有本科生培养模式，努力培养学生的创新精神和实践能力，以培养出高质量的学生迎接 21 世纪的挑战，已成为摆在高校教育工作者面前的艰巨任务。

另外，随着高校扩招，大学生就业问题日益显现出来，工商管理专业毕业生出现了供需错位：一方面，企业对工商管理类人才需求量大；另一方面，工商管理专业毕业生就业并不顺利。高校只有深入了解用人单位对工商管理专业学生的要求，改革目前工商管理类专业人才的培养模式，才能培养出适应社会需要的创新创业型工商管理人才。

二、未来企业对工商管理人才素质的要求

未来工商管理的变化必然要求工商管理人才具有与之相适应的综合素质及能力。其主

要包括以下几个方面的素质。

（一）思想品德素质

思想政治素质是当代大学生必备的基本素质，工商管理专业的学生应树立正确的世界观、人生观和价值观；树立爱国主义、集体主义和社会主义思想，具有高尚的道德情操和敬业精神；具备艰苦奋斗、吃苦耐劳的优良品格；要诚实守信，富有责任感；要工作严谨、胸怀宽广。

（二）专业素质

第一，要具有团队沟通与合作能力。现代企业所面临的市场竞争是十分激烈的，现代企业管理中团队沟通能力与合作精神已经被高度重视。第二，要具有适应能力和应变能力。由于工商管理专业学生成长模式单一，特别是到企业后适应能力较差，不能正常地发挥自身的才能，因而要加强培养学生适应企业内外环境的能力。同时，随着高科技信息技术的发展，在实际的企业经营管理中，必须具备相应的随机应变的能力，适时调整企业的经营和发展方向。第三，要具有创新能力。对于现代企业来讲，观念的创新是十分关键的，无论是技术创新、市场创新、产品创新还是管理创新，都是以观念创新为先导。因此，工商管理专业学生应不盲从任何权威，敢于打破思维定式，为今后的创新创业活动奠定思维基础。

（三）文化素质

工商管理专业的学生不仅要掌握专业知识，还要具有文学、哲学、美学和史学等人文科学基本知识与素养，具有健康的审美情操，掌握现代科学技术基础知识，能熟练利用网络和图书馆、专业研究机构等获取企业所需信息，为日后在企业中的创新甚至是创业提供广阔的思路。

（四）心理素质

工商管理工作涉及面较广且要与企业内部和外部的性格、经历、身份等各不相同的人交往，有时还要面临着来自上级、同事、下属的人际压力及市场变化所带来的工作风险，所面临的心理压力比较大，因此，工商管理专业学生要有目的地锻炼身体和心理素质，培养坚定的信念、高度的事业心和责任心，以及承受挫折打击的勇气和坚忍不拔的毅力。

三、当前我国工商管理专业培养模式现状及存在的问题

从目前国内各高校工商管理专业建设来看，人才培养目标和模式单一，在确立人才培养目标和模式的观念上还较为保守，严重滞后于国外的同类专业，不能满足我国工商企业参加国际竞争的需求。工商管理专业毕业生在人才市场上的求职情况，反映出企业对学生能力的要求和高校培养模式的诸多矛盾。根据企业对工商管理专业毕业生工作情况的反馈，结合企业对经理人的要求，当前我国工商管理教育在课程设置、教学手段以及师资队伍等方面已不能适应时代的要求，主要表现在以下几个方面。

（一）培养目标呈现出"专才"培养模式的特点

在人才培养目标的定位上，一般院校的工商管理专业仅将目标定位于满足某一岗位的专门人才。在这一目标的指导下，专业课程设置过细、过专、过窄，对必修课的重视大大超过选修课；选修课不仅课时少，而且课程类别比较单一，培养出来的学生共性有余而个性不足。在教育模式上，只注重知识的传授而忽略了对学生创新能力的培养。这既不符合现代市场经济的发展要求，也无法满足学生应对激烈市场竞争的综合能力的需要。事实上，很多工商管理专业的毕业生可以在比较广泛的领域就业，因而专才教育限制了学生的知识面和全面的就业能力。

（二）教学内容及课程设置与社会经济发展的差距较大

自20世纪80年代以来，我国高校相继引进了国外的一些经济管理的最新理论，并结合我国的实际情况设置了一些新课程，或对原有课程的教学内容进行修订，但还是与我国经济的发展现状存在着较大差距。比较突出的问题是教材的缺乏，目前大部分教材是西方舶来品，即使是国内编写的，从理论到案例分析也都与西方教科书大同小异。这些教材没有充分考虑我国的文化、社会与企业发展特点，学生使用后的结果就是理论与实际脱节。工商管理是实践性非常强的学科，这种脱节严重影响了学生处理企业实际问题能力的提升。

（三）专业课教师缺乏企业工作经验

工商管理专业的特点与培养目标决定了专业课教师应具备的基本素质，即既要有系统的理论知识，还要具备一定的企业管理经验。但目前我国从事工商管理专业的绝大部分教师的成长轨迹基本上是从学校到学校，他们毫无企业管理实践经验，缺乏实际商业运营操作的亲身体会。反观欧美发达国家的商学院，大部分教师都具有在企业的工作经历，有些

还是大型企业的管理顾问，因此他们在教学的过程中能密切联系实际，引导学生批评性地学习某些管理理论，并激发学生的创新意识。

（四）教学方式仍然以课堂讲授为主

目前工商管理教学方式中占主导地位的依然是传统的课堂讲授，强调理论的灌输，忽视理论的应用与创新，而培养学生实际能力的案例分析法、角色扮演法和情景模拟法等在教学中很少被使用。以案例分析为例，虽然在教学中运用了案例分析，但由于教师水平的限制，案例分析基本上变成了举例说明，与设计的宗旨尚有相当大的距离。

四、高校工商管理专业校企合作办学机制构建

高校校企合作由于得到了政府的政策支持和财政投入支持，校企合作的成本在很大程度上是由政府买单而各方受益：地方经济得到了发展，高校达成了校企合作培养应用型职业技术人才的目标，学生得到了免费培训、实践机会和就业机会，企业得到了相应培训的人才和相应财政补贴等。而一些高校由于办学历史普遍不长，较难得到政府的政策支持和财政补贴，也较难得到企业的认可，在校企合作实践中，企业参与意愿不足，普遍存在"校企合作失灵"现象。顾金峰等对"校企合作失灵"的原因进行了研究，认为：一是劳动市场的不完全性和外部效应，即非校企合作企业存在免费搭车或挖墙脚的动机，从而大大削弱了合作企业参加校企合作的动力；二是校企合作项目的不确定性，这些不确定性包括学生在合作企业就业的不确定性、合作培养学生质量的不确定性、合作院校合作行为的不确定性、校企合作教育的诸多不确定性，对于风险回避型的企业而言，这些不确定性在很大程度上抑制了其参与校企合作。正是基于上述原因，高校工商管理专业校企合作办学机制的构建应该从自身办学特点和需要出发，构建适合自身应用型工商管理人才培养需要的校企合作办学机制。

由于政策支持的滞后和合作企业积极性的缺失，高校工商管理专业校企合作办学机制的构建应该基于以下基本点：高校主导；鼓励企业参与；加强学生职业道德和诚信教育。

首先，高校要主导工商管理专业校企合作，在校企合作办学机制中扮演动力机制角色，推动校企合作顺利开展。高校要获得政府、企业、学生以及家长的认可并获得正常的发展，其应用型人才培养必须有自身特色，对于工商管理专业特色应用型人才培养来说，校企合作是不可或缺的重要环节，而在校企合作各参与主体中高校应该是最积极、最主动、最迫

切的一方，并且有一定资源可以作为动力机制的推动方，高校可以从校方管理制度、人才培养模式、资源倾斜等多方面对工商管理专业校企合作的开展提供推动力。

其次，以互惠共赢为出发点，鼓励企业积极参与工商管理专业校企合作，减少校企合作中的阻力。基于工商管理专业学生实践教学的自身特点，高校工商管理专业校企合作中企业方往往缺乏积极性，不愿意接纳学生参加实践，特别是很难定期安排工商管理专业学生参加实践，这成为工商管理专业校企合作办学机制中的主要阻力。因此高校要以互惠共赢为出发点，从多方面着手鼓励企业积极参与工商管理专业校企合作办学，如给予企业实践教学补贴、提供管理咨询服务、优先选拔优秀毕业生等，化企业阻力为动力，使校企合作能顺利深入开展。

最后，加强学生职业道德教育和诚信教育，巩固校企合作办学机制。高校工商管理专业校企合作中，学生是被动接受安排的一方，但又是校企合作顺利长期开展的关键因素。学生参加校企合作实践时如果能遵守校企合作中各项规定，具备良好的职业道德和诚信，严格保守实践企业商业秘密，能在规定期限内稳定为企业服务，能为企业发展做出贡献，则校企合作就能顺利长期深入开展下去；反之则不能合作。现实中，学生不服从实践教学安排，频繁跳槽，甚至让实践企业商业秘密泄露的现象时有发生，这对工商管理专业校企合作办学机制建设是一个严峻挑战，因此加强学生职业道德教育和诚信教育，巩固校企合作办学机制基础就显得尤为重要。

五、"产教融合、校企互动"模式

高校工商管理专业应结合企业人才需求分析，开展广泛的市场调研和论证，组织专业骨干教师带着任务深入企业，在行业发展中寻找需求和切入点，找准人才培养定位；企业参与人才培养的全过程，对实训基地或实验室建设、师资队伍建设、课程体系和教学内容改革等工作进行系统建设和持续改进，形成"产教融合、校企互动"的高素质应用型人才培养模式。高校工商管理专业应按照职业标准，制订出工商管理专业的人才规格和培养方案，设置全新的课程体系和教学内容，实现培养目标和企业实际应用需要的高度吻合；企业应更加规范和完善"顶岗实习"及管理。校企合作双方结合"学分制"和"弹性学制"的教学管理改革，制定由行业、企业参与的质量考核体系和标准，形成"用企业专家的眼光审视办学质量，用社会和用人单位的标准衡量人才培养的水平"的质量观和人才培养质量评价体系。这种模式具有如下特点。

　　培养方案与企业岗位要求无缝对接。校企合作双方根据市场需求，共同制订基于能力导向的模块化的应用型人才培养方案。校企合作双方根据职业标准，按照"产教融合、校企互动"的人才培养模式，瞄准行业发展和社会经济发展的关键岗位要求，以社会需求和岗位能力要求为依据，重新划分能力培养模块，梳理培养目标，重构课程体系，对现行的教学计划、教学内容、相关教材、教学方法、教学手段进行大胆改革创新，保证学生的能力符合企业的职位要求，使得学校、学生和企业三方完全对接。

　　企业和学校的优质教学资源对接。教学计划实施时，由学校提供师资力量参与公共课程、部分专业基础课程和专业课程的教学工作；由企业提供企业师资力量参与专业课的教学工作和指导学生论文、实践和创新活动等，以便学生学到的技能更加贴合行业和社会的需求。设立专职班主任，将企业和学校的优质教学资源对接在一起，同时做好教学行为分析，严格把控教学质量。

　　校企合作双方联建实训室，营造全真实训环境。为了鼓励"共建专业"贴近市场需求办学，鼓励学生和教师创新，按照"真设备、真产品、真环境"的原则，校企合作双方联建实验室，原则上向全校师生开放。实验室将紧跟技术和行业发展，成为集教学、科研、培训、技能鉴定、技术开发与服务于一体的校内产业型实训基地，仿真实训的基地就在企业，实训指导教师由企业工程师或者项目经理担任，实训项目是企业真实案例的全真实训环境。按照技能培训由浅入深的规律设置实训单元和规范实验室布置，并结合学分制管理模式和信息化管理手段，探索开放实训项目和实验室的管理模式，建立可持续发展的管理运行机制。

　　创新"双师型"教师的培养及使用。通过教师到企业顶岗锻炼、兼职工程师，紧跟企业技术进步，提升教师实践能力；通过专题培训、推行现场教学和行业案例教学等途径，提升教师职业教育能力，建立"双师素质"教师持续培养的良性机制。同时，利用企业人才优势资源，更新"兼职教师人才库"，充分发挥兼职教师作用，一方面由企业项目经理等人员承担实训教学任务，另一方面在核心专业课中实行"双师授课法"，将课程中实践性、综合应用性强的内容由兼职教师以案例、讲座或 MOOC 等方式进行教学，改善"双师"结构。

　　学生与企业之间零缝隙对接。学生经过企业核心课程与企业实践课程的学习后，企业负责全面推荐学生进入企业完成企业实训项目；为保证学生未来顺利就业，校企合作双方共同邀请该专业相关的知名企业深度参与实战型人才培养的全过程，为学生的实习、就业提供必要的服务，包括就业前职业生涯规划、简历指导、面试技巧分析等全方位辅导，实现学生与企业之间零缝隙对接。企业全面负责完成合作专业学生参与社会实践、创新创业活动和就业咨询辅导，并对合格学生提供高质量的就业服务。

通过校企深度合作，采用共建、共管、共享和共赢的模式，可以全面加强高校工商管理专业内涵建设，提高教育教学质量，增强该专业的社会服务能力，提高整体教学水平，成为发展、改革、管理和服务的示范，将工商管理专业建成地区一流、具有行业发展特色的示范性品牌专业，为专业发展奠定坚实的基础。

第五节　高校音乐表演专业校企合作人才培养

对于高校教师来说，既然已经打算将校企合作人才培养模式应用到相应的课堂教学之中，就需要知道校企合作人才培养模式对于相关教育教学活动的作用，如此才能形成合适的教学设计，以此来达到有效的教学效果。在高校教学中，学校采用校企合作人才培养模式能够极大地促进学生专业能力的发展，这也是学校教学的重要目标之一。高校在培养过程中，如何能够帮助学生将理论方面的知识呈现在实际的实践操作中呢？通过校企合作的形式，给学生提供一个实际的平台，让学生在有经验人员的指引下，获得相应的体验，能够实现学生理论知识的应用性，促进学生专业能力的发展。高校教师在对学生进行课堂教学的过程中，通过应用校企合作人才培养模式，能够提高学校的教学质量。从高校办学本身来看，衡量高校办学质量的标准有很多，其中最为重要的一点便是学校的就业率。那么如何才能提高学校的就业率呢？这就需要落实在学生的专业技能上面。对于学生而言，扎实的专业能力是学生步入社会的敲门砖和护身符。只要学生专业过硬，那么在社会中便能够找到合适的工作岗位和立足之地。因此，通过校企合作人才培养模式方式，能够给学生提供更好的教育教学形式，让学生能够在实际的学习中获得能力上的发展，从而促进学校教学质量的提高。

一、音乐表演专业校企合作的效力

对于高校而言，其所开设的专业有很多，但并不是所有的专业都适用于校企合作人才培养模式。本节主要探讨音乐表演专业。音乐教师在正式探究校企合作的策略之前，应对音乐表演专业是否适合校企合作进行探究。换句话说，应探究音乐表演专业在校企合作上是否有条件作为支撑，或者是否有一定的不利影响和好处。这样一来，才能够为具体教学方式的探究做好准备。

（一）有利于课程教学的合理设置

音乐表演与校企合作二者结合的效力之一便是实现课程教学的合理设置。之所以这么说，是因为对于音乐表演专业来说，它在进行相关课程内容教学工作的时候，需要结合当时文化艺术市场，并根据这一专业的相关要求，进行具体的课程设置和人才培养目标设定，如此学生才能够成为专业的表演型音乐人才。而在现在的音乐表演课程设置中，除了基本的理论课程之外，还有实习课程。关于实习课程的设置，基本上都是学生自己进行自由选择，最后提交相应的实习证明和实习报告便可以了。但是这样一来，便无法让学生明确自己所学专业的行业需要。而通过校企合作人才培养模式，便能够给学生固定实习行业，实现课程设置的合理化。

（二）有利于实现教师的全面发展

从校企合作人才培养模式应用效果来看，它既对学生有具体的作用体现，又对教师全面发展产生影响。对于教师而言，自身教学水平不仅关系着自己的职业前景，而且影响着学生的知识水平。在现在的音乐表演专业教师中，存在着年龄结构不均衡、理论与实践脱节等方面的问题，这些问题都影响着课程的教学质量。通过校企合作人才培养模式的应用，能够给师资队伍提供新鲜的血液，让旧有的教师团队重获新生，从而促进教师自身的成长与发展。

（三）有利于提高学生的社会实践能力

从学校整体教育的角度来看，虽然说学校也给学生提供了相关的实践场所，但是其中相关的实践人员还是学生比较熟知的同学与老师，在这样的情况下，学生所能够获得的实践锻炼相对来说就很小了。但是在现在的学校教育教学工作中，无论是什么阶段、什么专业的教育教学工作，都需要提升学生的社会实践能力。这就要求学生不能只停留在学校之中，而需要走入社会，在社会中交流与实践。通过校企合作人才培养模式，便能够创造更为安全和便利的环境，让学生接触社会，在社会中获得一定的锻炼与实践，从而促进学生社会实践能力的提升与发展。

二、音乐表演专业校企合作中存在的问题

高校音乐表演专业与校企合作人才培养模式结合的探索已有一段时间，在应用的过程中，也产生了一些问题。这些问题需要教师进行分析，从而为后续的应用指明方向。

（一）观念陈旧，合作意识不强

对于高校音乐表演专业来说，教师在应用校企合作人才培养模式的时候，观念比较陈旧，导致学校和企业之间的合作意识不强。关于校企合作人才培养模式，它的应用和推进形式已经很丰富了，但是高校音乐表演教师在应用的过程中，还是习惯采用最原始的形式，即由企业提供资料，教师进行课堂教学。这样的教学效果可想而知不会太好。除此之外，在这样的思想下，学校与企业之间也无法形成紧密的合作关系，也就无法切实促进学生的发展了。

（二）政策支持力度小

对于校企合作人才培养模式来说，虽然我国非常提倡这种教育教学模式，但是并没有形成具体的法律法规政策制度，或是相应的执行政策。这样一来，就容易影响校企双方之间的有效合作。而现在所推进的校企合作，很多都是由学校主动牵头，而形成合作的模式与框架，但这种方式受到了很多方面的限制，并且没有具体的政策指导，实际上就是没有明确的目标和方向，很多学校都不知道要形成怎样的模式，因此导致校企合作人才培养模式推进的搁置。

（三）运行机制不完善

目前所能看到的校企合作模式，基本上都是建立在熟悉度和信誉度基础上的，并且一般是由校方占据主导地位，企业或者是用人单位配合学校，给学校提供资金、设备、人员等方面的条件。这样一来，企业的主观能动性没有体现出来，导致学校与企业之间无法形成深层次的合作。对于学生来说，在这样的一种模式下，学生所能够接收到的培养会减少，不利于学生专业能力和创新能力的发展。

三、音乐表演专业校企合作人才培养的有效措施

（一）在专业建设上加强互助合作

学校和企业双向的专业建设，有利于主动适应市场需求的音乐表演应用型人才培养目标，根据地方现实情况，制订合理的音乐表演人才培养方案，适应行业发展的需要，毕业后能够为地方艺术市场的经济发展贡献力量。邀请合作企业中具有较深资质、业务能力娴熟、市场嗅觉敏锐的专业人员参与到学校的具体教学事务中来，有效提高学校的实践教学。在对本校教师的建设中，要注重对教师的素质、能力、市场营销等多方面的综合培养，教师只有在行业中生产、服务、管理的第一线上锻炼，从事实际工作，在具体工作中不断积累经验、学会营销，才能将教学与实践相结合，真正领会到人才市场的需求。校方要参照用人企业对员工的标准来制定学校教育教学中学业的评价体系，改变院校普遍应试教育的弊端，促成学校和社会的快速有效接轨。成立由学校领导、一线教师、行业专家、企业中高层管理者等校企双方人员参与的专家委员会，有效把握专业建设方向，培养适应艺术市场对人才的需求且兼具职业道德的人才，同时提升服务意识与行业管理能力，使其成为彰显音乐表演专业教育的特色，适应行业未来发展的应用型音乐表演人才。

（二）推进实践教学改革进程

在实践教学改革进程中，要从多方进行市场调查研究，从各种企业中筛选出适合本校人才培养目标的合作企业。合作的基础应兼顾音乐表演专业发展的特色性，做到对口就业。带领学生参展企业管理的机制，形成学校和企业双方在信息上的互通和资源上的共享，校企双方共同参与音乐表演人才培养方案的制订。融校园文化和企业文化为有机整体，让学校教学内容与企业实际岗位做到有效对接。为了使教学跟上行业发展的步伐，可以派遣专业教师到相关企业做学习调研，或者直接挂职锻炼；与企业各级工作人员、管理人员合作交流，了解合作机制中存在的问题，并及时提出建议，修正目标；充分了解企业的人才需求和未来的发展，以便对音乐人才的培养方案进行及时调整；将体现企业文化的科学管理制度、个人素质要求、行业服务标准、技术创新理念纳入学生的培养方案中。教师应该充分利用这样的机会，在实际的一线岗位上积累经验、开拓思维，以谋求校企双方更深层次的合作。

（三）建立奖励与约束并行的管理机制

建立互利互惠的激励机制可以调动校企双方合作人员的积极性，巩固和发展校企合作的各项成果。校企双方领导要定期对本校师生和企业工作人员的工作做出符合事实的评价，一方面，学校派师生到企业中进行艺术实践，参与企业的演出排练、企业文化宣传、企业成果展示等活动，并根据工作量及艺术实践成果给予一定物质上的奖励；另一方面，聘请企业有专业实践经验和市场营销经验的工作人员为学院特聘专家或兼职教师到学校工作，颁发荣誉证书，并给予物质上的奖励。这种激励机制，既调动了直接受益的艺术实践演员与学院教师的积极性，又及时把握了教学质量最前沿的信息，有利于音乐表演人才的培养。

只激励而缺乏约束，也不利于校企合作的健康发展。长期有效的校企合作必须建立在双方共同履行的责任和义务上，双方在法律、制度和道德上都要有约束。双方要在法律的框架下签订具有法律规范的校企合作协议，在协议中明确双方的权利、义务以及违约的责任，签订学生到企业顶岗实习期间的生命财产安全条例，一旦发生安全事故，做到有法可依、有据可查。在法律的框架下，学校和企业共同制定相对完善的管理制度，强化制度约束的力度，同时还要强化道德约束，双方都要按照合作共赢原则加强道德教育，尊重校园文化和企业文化。

（四）构建科学合理的保障机制

寻求政府和行业的支持，协调学校和企业建立科学合理的配套保障机制。政府要发挥引导作用，使校企双方在政府的监督下建立权威、完整的校企合作准则和指导手册；倡导校企合作发展就业教育的文化氛围和社会风尚，提高学校的社会知名度；要在学校和企业合作遇到瓶颈时为其排忧解难，积极为校企搭建合作平台，减轻学校同企业合作所承受的社会压力和对企业介入学校教育的顾虑。由政府相关职能部门牵头，行业、企业、学校相关人员参加，成立行业协会，协调校企间关系，保障双方的利益。行业协会要引导学校和企业积极开展形式多样的互动、交流与合作，如建立校企合作网站，实现资源和信息的高度共享等。行业协会是保持校企合作正常运转的不可或缺的管理机构，它只有发挥正常职能作用，校企合作才能在积极稳妥的状态下运行。共建质量工程，成立质量保障工作小组，在师资队伍组建和培训、课程开发及设置、实训基地建设、就业指导等环节中起到监督、指导作用，促进学校和企业更好地合作，培养出适应市场和行业需求的高素质应用型音乐表演人才。

　　高校的教育事业都是在培育和践行社会主义核心价值观的指导思想下发展壮大的，改革全面深入发展的同时，高校音乐表演专业也要跟随时代发展，解放思想、与时俱进，在新形势下确立自己的优势。在教育多元化的大背景下，高校音乐表演专业教育教学要走出去，面向社会、面向市场，积极寻求政府部门、行业协会的支持，搭建校企共建的平台，通过与企业的强强联手，利用双方独特的优质资源，取长补短，共建共享，培养出适应社会发展的应用型创新音乐表演人才。

第四章 高校校企合作人才培养模式研究

第一节 中外农业高校校企合作人才培养模式

校企合作人才培养模式作为一种培养学生综合职业能力，提高学生就业竞争力的有效教育形式，自20世纪90年代中期引入中国以来就被高校广泛采用，目前，它已成为高校，尤其是高等职业院校培养高级技术应用型人才的基本途径。然而，与国外相比，中国的高校，尤其是农业高校的校企合作仍停留在浅层次、单方面的合作上，缺乏长期有效的合作机制。因此，通过中外比较，借鉴国外农业高校校企合作的经验，对于提升中国农科毕业生的就业能力，增强高校服务社会的功能，提升企业科研能力和技术水平具有重要的现实意义。

一、国外农业高校典型的校企合作人才培养模式

发达国家经过近百年的发展，其农业高等教育已达到较高的发展水平。学校与企业在教学和实习等层面深度合作，提升了学生的职业能力，培养了适应企业和农业发展需要的高级应用型、复合型人才，真正实现了学校与企业的双赢。综观国外，主要有下面几种典型的校企合作人才培养模式。

（一）美国、加拿大的"合作教育"模式

以美国、加拿大为代表的合作教育模式以市场的实际需求为出发点，强调职业或岗位所需能力的确定、学习和运用。合作教育模式以学校为主，企业主要提供实习岗位，辅导学生适应劳动岗位，培训学生进行安全操作，协助学校教师确定学生应掌握的岗位技能，并全程参与学生劳动效果的评价，包括对学生成绩、劳动态度、劳动数量和质量等的评价。学生的实习成绩与毕业挂钩，即学生必须到农场、农业公司等农业单位参加生产实践，并

帮助其完成某一生产课题，解决生产实践问题后才能毕业。

（二）德国农业高等教育的"双元制"模式

"双元制"中的一元是各类农业学校，传授农业科学基础理论和专业知识；另一元是农业企业，注重各种农业工作的职业技能培养。"双元制"是一种学校与企业分工协作、理论知识与实践技能紧密结合，以培养高水平的专业技术人员为目标的职业教育制度。与美国、加拿大的"合作教育"模式相比，"双元制"模式以企业培训为主，学生在企业接受职业技能培训的时间是在学校学习理论时间的 3 ~ 4 倍，因此实现了学生同生产的紧密结合，以及与就业的"零摩擦"。"双元制"模式还构建了职业学校与普通学校之间的连接机制，在符合一定条件的前提下，职业学校和普通高等院校之间的学生可以相互转入转出，注重学生选择的多元化和人才培养的灵活性。

（三）英国、韩国农业高等教育的"三明治"模式

"三明治"模式即第一年（或前两年）在校内学习农业基础知识，第二年去农业企业或农场实习，第三年返校进行以创业计划为主的教育，参加考试并获得证书。"三明治"模式把学校和企业放在同等重要的位置，按照"理论—实践—理论与实践结合"的逻辑培养学生。这一模式有利于学生有针对性地学习并理解所学理论知识，从整体上把握每项工作前后衔接的生产程序和关系。此外，学生通过在企业参加较长时间的实习工作，可以获取更高的职业资格，在择业和就业中处于优势地位。

二、中外农业高校校企合作人才培养模式比较研究

中国的农业高等教育经过多年的理论和实践探索，越来越注重与企业之间的合作，初步形成了自具特色的办学、育人和就业模式，如"订单式""学工交替式"和产学研一体化人才培养模式等，在培养实用性、技术性人才方面起到了积极作用，但与国外校企合作人才培养水平相比，仍存在很大差距。

（一）合作理念的比较

国外农业高等院校非常重视与企业的合作，强调高校的社会责任和服务价值，普遍注重对学生实践技能的培养，学生除了课堂学习以外，还掌握了实际的生产技术和工作本领，在市场上有较强的竞争力。中国农业高等院校办学模式相对封闭，高校对于与企业合作的重要性和必要性认识不够，教育主管部门与行业协会各自为政，在一定程度上阻碍了学校

与企业之间的沟通协作。

（二）合作内容与层次的比较

校企合作模式是若干要素之间协调作用的系统，而不是单一要素的变化，这要求校企合作的内容具有系统性。国外校企合作内容丰富，且具有系统性，合作层次较深。企业在学校投资与管理、专业设置、师资来源与培养、培养计划与课程改革、教学科研的硬件设施等方面全程参与。例如，新加坡的"教学工厂"模式把学校和工厂紧密结合起来，统一领导和组织，并按统一的教学计划把技能教育摆在突出的位置；在英国，企业在教育关键机构中任职，制定学生岗位职业资格评价标准，建立校企合作的评估机制，甚至直接成为学校领导班子成员。中国农业高校校企合作多停留在解决实验和实训基地等浅层合作层面，合作内容缺乏系统性，缺乏对学生培养方案的改革、专业建设的规划和课程的调整，一般单就个别领域和项目进行临时性合作，随意性较大，未建立长期稳定的运行机制。

（三）合作方式的比较

在国外校企合作中，学校和企业积极发挥双方的主动性，建立企业与高等院校紧密合作的动力机制、调控机制和评价机制，实现高校与企业资源共享、利益互惠的良性互动合作方式。企业利用高校的智力和教育资源，在高校设定科研项目，并使科研成果迅速产业化，或选派员工到高校深造，提高员工的理论水平和管理能力；高校则利用企业雄厚的资金优势和实践基地，吸引企业主动向学校投资，促进教学科研设备的改进，提高学生的职业能力和就业竞争力。中国目前的校企合作多以一方主动为主，主要是学校为了建立教学实验基地或提高毕业生就业率，主动与企业合作，然而目前高校受学科设置或教育体制的限制，并不能向企业提供更多的可利用资源。

三、国外农业高校校企合作人才培养模式对中国的启示

（一）制定和完善法律、法规，营造良好的校企合作的政策环境

通过立法，从制度层面激励学校和企业是校企合作发展的根本保障。一是对于参与校企合作的企业，按一定比例减免职业教育与培训税，或通过税收返还建立企业专款，用于校企合作中的学生职业教育；对于参与校企合作的农业高等学校，在招生、专业设置、课题申请和学生就业等方面给予政策倾斜。二是积极建立校企合作的评价机制和调控机制，健全职业能力考核和评价体系，完善高职院校与企业主管部门职业资格认定体系的衔接机

制，建立校企合作评估机制，支持和引导校企合作向深层次、多元化发展。

（二）转变合作主体理念，完善校企合作利益机制

企业和高等院校对校企合作重要性的认知是合作的基础，而在学校、企业间建立共赢的利益驱动机制则是校企合作长期持续发展的动力所在。从高校角度看，高校要改变以往象牙塔式的教学模式，着眼于市场的人才需求，关注社会经济热点，主动寻求与企业的合作机遇，进一步提高高等院校的社会功能和价值，增强高校竞争力。从企业角度看，企业要从市场经济发展规律出发，认识到企业的长远发展离不开高等院校提供的优秀人才和科学技术。校企合作双方本着平等、共赢的原则，在成果分享、利益分配等方面要充分考虑各方的资金投入、风险因素，明确各方的责权利，建立利益共享、风险共担机制。

（三）整合社会资源，实现就业指导社会化

目前高校大多数从事职业指导的教师，都是由学生和就业工作部门的行政人员或政治课教师担任，这些人既没有参加过系统的职业指导培训，也没有实践经验，上课往往是照本宣科、纸上谈兵，缺乏深入的人力资源开发和职业生涯规划知识。农业高校应加强与社会的联系，吸引职业化、专业化水平较高的农牧企业、人才中介咨询公司等参与高校的就业指导，聘请农业人事部门、劳动与社会保障部门、企业人力资源管理部门、成功校友、企业人士以及法律专家等，作为职业指导教师的重要力量，加强双师队伍建设。

（四）注重全过程管理，深化校企合作的内容

校企合作应有机地将合作内容渗透到学生培养的各个环节中，建立全程化的校企合作人才培养体系，拓展和深化校企合作的内容。如图 4-1 所示，全过程的校企合作应包括共同制定课程体系；从学校和企业两方面建立双师队伍，针对企业需求开展科学研究项目合作；从组织管理、风险共担和利益分配等方面构建运行机制，建立健全评价和反馈系统，不断完善校企合作体系等。

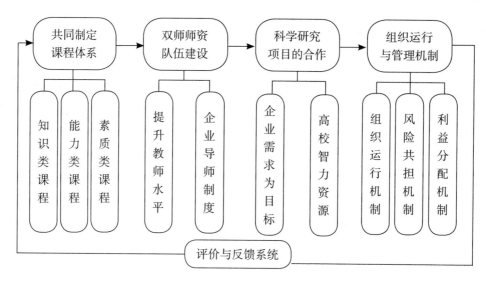

图 4-1 全过程校企合作人才培养模式

（五）注重实践探索，创新校企合作人才培养模式

通过实践积极探索和创新校企合作模式是农业高等学校人才培养的关键。以河北农业大学动物科技学院为例，学校充分利用企业资源，以培养应用型、复合型畜牧兽医高技能人才为目标，探索出三种农业高校校企合作模式。

1.高校主导型"分段式"人才培养模式

"分段式"培养又叫"交替式"培养，是指高校起主导作用，将学生的学习过程分为在校学习和企业工作两个交替进行的过程，是理论知识学习与实际工作技能并重的一种培养方式，共分为职业规划、学以致用、个性培养、能力拓展四个阶段（图4-2）。高校主导的"分段式"校企合作人才培养模式，缩短了学生综合技能运用与企业实际岗位需求的适应期，得到了学生和用人单位的充分肯定。同时，教师在教学中深刻认识到"产学结合、工学交替"在培养畜牧兽医专业技能人才中的重要性，促使教师不断深化教学改革，使教学内容更加切合现代企业的实际需求。

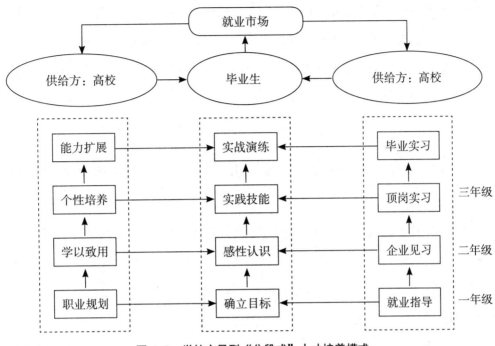

图 4-2　学校主导型"分段式"人才培养模式

2. 校企联动型"企业班"人才培养模式

"企业班"培养模式是高校与企业合作成立、以企业冠名的"特色班",双方共同制订"特色班"的培养目标、教学计划、生产实习及毕业设计等,利用节假日开展教学和实习活动。"企业班"由学校和冠名企业联合成立领导小组,负责"企业班"的教学管理工作,由企业选派精英来校授课,利用寒暑假集中安排学生到企业轮岗实习,实行业务导师负责制。办学经费由企业和学校共同出资,学生不交任何费用,但冠名企业拥有优先获得毕业生的挑选权。例如,从 2010 年开始,河北农业大学动物科技学院相继成立"华裕班""正大班""嘉吉班""生泰尔班""伟嘉班",取得了一定成效。

3. 企业主导型"产学研合作"人才培养模式

这种模式以企业为主,利用高校智力和教育资源,在高校设定科研项目,并使科研成果迅速产业化,以提高企业经济效益。高校利用企业雄厚的资金优势,吸引企业主动向学校投资,促进教学和科研设备的改进,以实现产学研的立体合作,从而实现高校与企业资源共享、利益互惠。例如,河北农业大学动物科技学院与农标普瑞纳(廊坊)饲料有限公司合作共建的"普瑞纳猪病检测中心",与北京保吉安集团共建的"肉鸡疾病研究中心",就是这种模式的典型例证。教师到科研基地进行现场的理论课教学,学生在教师指导下进行理论学习和实践训练，做到"教、学、做"合一。

国外完善的校企合作人才培养模式说明职业教育必须与企业紧密合作，才能培养出适应市场需求的高技能人才。结合中国的基本国情，要保障校企合作的长期、稳定、健康发展，需要营造良好的政策环境，加强校企合作机制的建设，并在实践中不断创新人才培养模式，从而提高校企合作的水平和层次。

第二节　导师制高校校企合作人才培养模式

随着高等教育体制的不断深化，高等院校实行了学分制、选课制等重大教育改革措施，使得我国高等教育教学体制越来越科学与完善。虽然我国高等教育改革取得了显著成绩，但仍处在不断探索与变革阶段，教育教学中存在的问题也日渐暴露出来，高校承担着前所未有的压力。首先，高校数量增多，生源竞争激烈；其次，教学资源建设跟不上人才培养目标；最后，高校毕业人数增多，许多大学生面临着"毕业即失业的困境"。面对来自教育部门、社会、学生等的多向压力，高校应不断寻求教育教学创新突破，改革高校人才培养模式，提升学生的综合素质与创新能力，以便培养出满足国家、社会、企业需要的人才。为了探索高校人才培养新模式，滨州学院积极探索创新人才培养的新方法、新途径，建设了"产学研引领下的生物技术应用型人才培养模式创新实验区"项目，该项目中导师发挥了重要的作用，导师与实验平台、学校、企业建立互相联动合作机制，有效推动了该项目顺利实施。

导师制是高等学校实行的一种由教师对本科生在思想、学习和生活等多方面进行个别指导的教育制度。本科生导师制指在目前以班级授课制为主的态势下，辅之以个别指导的教学方式，属于一种个性化的教育教学制度，它的实施，体现了学校教育教学组织形式由班级授课制走向个别指导的转变。

导师制最早源于14世纪英国的牛津大学，是牛津大学津津乐道和引以为豪的标志之一。几百年来，通过实行导师制，牛津大学先后培养出46位诺贝尔奖获得者，英国历史上的41位首相中，七成多毕业于牛津大学。随后该制度被美国的大学纷纷仿效，并且也在世界各高校中被广泛推广。在我国，长期以来导师制是针对研究生教育的，本科生主要实行班主任制或辅导员制。近年来，随着高等学校招生规模的持续扩大，本科生、研究生质量普遍有所下滑，加之学分制、选课制在高校中的普及，实施本科生导师制已迫在眉睫。进入 21 世纪，以北京大学、浙江大学、武汉大学等为代表的一大批高校开始在部分院系尝试实行本科生导师制，目前已取得初步成效，特别是在本科毕业生的就业指导方面，导师制发挥着积极有效的作用。

一、导师制的特点与内涵

导师制作为与学分制联系在一起的一种教育制度，其最大特点是师生关系密切。导师不仅要指导学生的学习，还要指导学生的生活。近年来，国内各大高校都在积极探索在除研究生教育以外的高等教育中建立一种新型的教育教学制度——本科生导师制，以更好地贯彻全员育人、全过程育人、全方位育人的现代全面教育理念，更好地适应时代对新教育的要求和人才培养目标的转变。这种制度要求在教师和学生之间建立一种亲密的"导学"关系，教师针对学生个性差异因材施教，指导学生的思想、学习与生活。导师制从制度上规定教师不仅仅是"教书"，更具有"育人"的责任，教师在从事教学科研工作以外，还要对学生进行思想、心理、学习、科研、生活、就业等方面的教育和指导。导师制要求全体教师关注学生从入学至毕业整个受教育过程和学习、工作、生活等各个教育环节，对学生的教育要保持整体性和一贯性，在任何环节都不放松对学生的教育和指导。

导师制的内涵包括两方面：一是发挥教师在教育教学过程中的主导作用；二是发挥学生在教育教学过程中的主体作用。教师的主导作用主要表现为对学生成才成长方向的引导以及对学生学习方法和途径的指导；学生的主体作用主要表现为做学习活动的主人，用"主人"的姿态对待所有的学习活动，在教师指导下，积极、主动、创造性地学习，达到个性与身心全面发展的目的，在大学中做到"学会做人、学会学习、学会生活"。

本科生导师应由具有较高思想道德素质和业务素质的教师担任。导师的工作内容主要集中在思想辅导、学习辅导、生活辅导、职业指导等方面。思想辅导主要是对学生进行思想品德方面的教育，帮助学生树立正确的世界观、人生观和价值观，学会为人处事。学习辅导主要是对学生进行专业思想教育，帮助学生端正学习态度、激发学习兴趣，帮助学生了解自己的学习潜能和特点，教给学生学习方法，培养学生的学习能力和终身学习的意识。生活辅导主要是帮助学生适应大学生活，明确生活目标，端正生活态度，学会生活，养成良好的生活习惯，提高生活质量。职业指导主要是帮助学生了解自己的职业能力倾向和职业兴趣，学会正确地选择职业，提升学生的就业适应能力，做好就业准备。

二、导师制在高校人才培养中应用的必要性

（一）克服现阶段本科教学的弊端

导师制的应用，从教师方面来讲，可以促进教师差别化授课，不仅能从文化教育方面感染学生，也可以从生活、思想、行为等方面从进行指导，还可以让学生参与到教师的科研中，有利于培养学生的创新学习能力；从学生方面来讲，可以提升学生的实践能力，让学生在导师的带领下亲自动手实践，从实践中发现问题，通过实践解决问题，培养学生的创新思维。

（二）符合国家创新型人才培养目标

现在我国高校仍然以应试考核为主，学校为本科生提供的实践机会较少，教师进行的科研实验学生参与不进去。针对这种情况，在人才培养的过程中应用导师制，可以为学生提供良好的实验研究机会与平台，使学生既能够参与导师的科研项目，培养自身的科学研究能力，又可以让学生为导师的科学研究分忧。许多科学研究项目需要创新思维，而本科生正处在创新思维活跃的时期，让学生参与导师的科研项目，能为科研项目方案提供更多的解决方案，为科研项目注入更多新鲜血液，促使导师打开研究思路。"三人行，必有我师焉"，学生身上也有很多值得教师学习的地方，导师制可以促进导师与学生共同学习进步。

（三）实施"以人为本"教学理念的必然要求

由于智力发育、成长背景、性格等因素的影响，学生与学生之间存在一定的差异，对于不同特征的学生，教师应采用个性化的教学方式，突出"以人为本"的教学理念。导师制的应用，让教师可以关照到每一位学生，而在与学生长期接触的过程中，教师可以了解学生间的差异，方便因材施教，显示出教学中学生的主体地位。

三、"1+1+1+n"导师制模式的提出

高职教育的校企合作是一种双方自愿的行为，不带有任何强制的色彩，在合作的过程中，校方和企业都是为了实现各自的目的和愿望。企业作为营利性组织，追求自身利益的最大化是其最终目标，因此，在校企合作过程中，他们必然把校企合作能否为自身

带来最大化的利润作为是否合作的关键指标。学校作为合作的另一方，其办学目标就是培养符合社会需要的高素质的人才，所制订的培养方案、培养目标、培养计划等无疑都是围绕着这一目的而展开的，校企合作是实现学校这一目标的重要途径，因此学校必然追求自身在校企合作过程中要达到的这一目标。导师制是一种教育制度，它和学分制、班建制一起，被统称为高等院校的三大教育模式。导师制最早起源于 14 世纪的英国牛津大学，它的具体含义为：学生从入学起至毕业，学校为其配备专业导师，通过导师对学生的言传身教和个别指导，加强对学生学习、科研、生活、品德以及心理等方面的教育和培养，形成教学互动的良性机制，确保学校教书育人的人才培养目标得到有效实施。导师制最大的特点要在教师和学生之间建立一种"导学"关系，针对学生的个性差异，因材施教，让学生在思想品德、专业素质、业务技能以及社会适应能力等方面得到全面、协调发展。本节提出"1+1+1+n"导师制有其特殊意义，是特指在校企合作培养模式中实施导师制，以保证校企合作的质量，能够有针对性地因材施教，在夯实学生专业知识的基础上提升学生的实践操作能力，同时还包括对学生思想政治状况的引导，以促进学生的全面成长。"1+1+1+n"即"1 名行业师傅 +1 名专业教师 +1 名辅导员 +n 名高职学生"的导师建团队、学生分小组的人才培养新模式，其充分发挥校方和企方双方人才优势和资源优势，充分带动学生参与，全程捆绑，实现教学过程、职业辅导、考证实习、毕业设计、就业指导一条龙，专业教学与学生管理一体化，努力提高学生专业技能水平和育人效率。

四、辅导员在校企合作"1+1+1+n"导师制人才培养模式中的作用

在校企合作过程中，学生在思想层面上出现的一系列问题的解决都有赖于辅导员对学生思想政治教育工作的开展。学生在思想认识方面出现的问题主要表现在以下几个方面。

（一）学生的认知意识薄弱

学生对学校改革为以课堂教学为中心的传统人才培养模式、加强教学与生产实际相结合的人才培养模式，表面较欢迎，但在具体落实时，主动寻找就业单位的紧迫感不够强烈，在顶岗工作过程中缺乏爱岗敬业精神，缺乏吃苦耐劳的思想准备，遇到困难容易退缩，没有真正树立将顶岗工作当作一种学习机遇的理念，甚至有的学生过于看重眼前的物质利益，而忽视了顶岗实习对提高自身综合素质的重要性。

（二）工作岗位选择盲目，心理跨度过大，角色定位不准，难以适应新环境

校企合作实施前，多数学生对自身分析、设计、规划不够，职业生涯定位比较模糊，所以选择工作岗位时随意、盲目，因此失败概率较大，因此在校企合作的过程中往往表现出气馁的现象。由于对顶岗工作的角色定位不准、对工作环境不熟悉，书本理论知识和实际工作能力间存在逐步转化的过程，再加上顶岗工作中需要面对复杂的人际关系，学生容易产生紧张、恐惧心理。这些问题的出现如果不能及时加以疏导，不仅会影响到校企合作人才培养模式的有效实施，也会影响到学生健康心理的养成，严重的甚至会导致学生出现心理忧郁症。问题的解决都要靠辅导员做学生的思想工作，帮助学生适应这一人才培养模式，改变过去那种校企合作人才培养模式与辅导员无关的思想，而把辅导员的作用充分地发挥出来。辅导员作用的发挥可以按阶段加以归纳：在准备阶段，帮助学生制订计划，统一思想，明确工学结合的目的和意义，帮助学生进行职业生涯规划。辅导员应该在学生进入学校初期，就对学生进行系统的教育，最后一年在企业完成教学计划规定的第三年的课程学习、顶岗实习、专业综合实践、毕业设计和就业实践等教学环节后，让学生结合自身所学专业选择自己的职业，这将有利于克服在工学结合的过程中学生出现盲目选择工作岗位的现象，避免学生出现心理落差。在实施阶段，师生密切联系，提高工学结合的效果。在工学结合的过程中，辅导员对学生不能采用放养式的管理或者彻底撒手不管，而应该与学生保持密切的联系，时刻关注学生的思想动态，了解学生在校企合作过程中出现的问题，及时与学生的行业师傅和专业教师联系，帮助学生解决问题。在总结阶段，指导学生完成毕业设计，顺利走上工作岗位。通过第三年的工学结合，学生在毕业设计方面应该更有心得体会，辅导员应该指导学生把这些心得体会加以提炼，形成自己论文的核心观点。同时，在学生回归学校后，辅导员还应该深入学生了解他们工学结合的成果，帮助学生分析和总结，平时让学生再重新审视自己、评估自己，争取能顺利就业。

第三节　地方高校校企合作人才培养模式

高校人才培养模式主要基于构建学生的知识、能力、素质结构。不同类型的高校因培养目标、办学定位的差别，决定了其人才培养、科学研究和社会服务侧重点的不同。地方高校应从本地社会经济发展的实际出发，侧重于提高人才培养质量和学生应用型创新能力

培养，主要为区域经济发展培养掌握一定专业知识、具备较强应用能力的高素质人才。

一、我国高校人才培养校企合作模式的演进及作用

人才培养模式的改革是随着社会经济的不断发展变化而变化的。高等院校对人才培养模式的选择亦有所不同。高校人才培养模式的选择取决于社会生产力发展的程度、科技发展水平以及社会政治制度的转变，因此，在不同时期，随着人们教育观念的改变，国家经济社会建设对人才需求的不同会影响高校人才培养模式的变化。

校企合作模式的主体是学校和企业，学校有着丰富的教学资源和师资力量，企业则可提供实际操作岗位，双方各自以自身的优势参与到人才培养的全过程，培养的学生具有较高的应用能力和综合素质，提高了毕业生的就业竞争力。这种方式是高校应用型人才培养的重要途径之一，对高校人才培养和企业经营管理具有重要的现实意义。

我国的校企合作经历了一个由点到面、由低到高、由浅入深的发展过程，其合作规模、内容、形式和水平随着社会经济的发展而相应地发生改变。改革开放之前的校企合作发展较为缓慢，主要由军工研制实验发起，校企合作主要借助高校的人才和各种资源，发展我国的军工科技事业。真正意义上的校企合作是从20世纪90年代开始的，随着1991年中国产学研合作教育协会成立，1992年在全国范围内组织实施了"产学研联合开发工程"，这一时期的校企合作模式为市场拉动与科技驱动联合型，主要以提高企业的科技水平为主要目标，其形式为高校借助于企业的资金，加快向国有企业转移高校的科技成果，最终提升企业的市场竞争能力。进入21世纪后，随着知识经济的兴起和国家促进高新技术战略的实施，校企合作进入一个更高层次的合作。校企合作和过去追求表面形式的合作不同，它以风险共担、利益共享为原则，以政府为中介，展开广泛而深入的合作，其特征是以市场为基础，以产业同盟为形式，集研发和生产于一体。

校企合作人才培养模式的实质是通过企业和高校的资源互换，把传统的高校知识资源与企业的市场化运营和人才技能需求相结合，满足市场和社会的需求。校企合作一方面使得高校通过与企业的合作，了解行业的最新市场需求和发展方向，及时调整专业、革新教学内容、优化教学手段，同时，高校也可以通过校企合作获得一定经费，从而加强对高校科研和教学工作的支持。另一方面，校企合作可以保证企业获得所需的人力资源和学校的科技支持，同时企业扩大知名度，培养企业的市场竞争力。校企合作双赢的效果使得校企合作成为地方高校人才培养的重要模式。

二、当前国内地方高校人才培养校企合作的主要模式

（一）"订单式"模式

这是当前校企合作的主要模式。该模式以企业为主体，学校根据企业对人才的技能需求，按照企业岗位设置的要求来调整学校人才培养方案，主要是为了确保学生的就业。该模式的特点在于以行政为驱动力，学校主动而企业被动。该模式虽然在解决企业人才需求和学生就业方面有一定作用，但是其合作内容大多受到企业所需要的专业方向限制，而学校本身又缺乏"双师型"师资，学生的工作能力和实践能力并不能完全适应企业需要。

（二）"嵌入式"模式

该模式追求学校和企业的主体平等，在合作过程中校企双方把各自的需要都嵌入对方，最终满足企业和学校各自不同的需求。该模式的特点在于校企双方地位平等，在发挥自身优势的同时借助对方优势，在相互嵌入和帮助下满足各自的需求，学校和企业之间是一种共同参与、相互合作的关系。该方式对学校和企业的要求较高，学校的专业设置和企业的岗位要求必须有密切联系。

（三）"前校后厂"模式

该模式以高校与社会需求的无缝对接为目标，要求有实体经济存在，以厂校合一为特征。该模式大多是学校主动寻求企业，企业较被动，企业对学校专业设置和课程开发参与积极性不高，因此，要求政府与行业协会有较大的支持力度，以调动企业的积极性。

（四）"工学结合"模式

"工学结合"校企合作模式是一种将学生校内学习与企业工作经历相结合的教学模式，使学生既能在学校学习理论知识，又能在企业得到真实岗位锻炼，是一种"学习—工作—再学习"的学校企业双向结合人才培养模式。学校与企业的双向介入，使学生将理论与实际相结合，增强学生的实际技能，从而实现学校的人才培养目标。"工学结合"模式能够实现学生从学校到企业的自然过渡。但在实际操作过程中，"工"与"学"缺乏有效的协调机制，学生学习与工作相交替的方式缺乏持续性和稳定性。另外，很多学校往往将"工"简单地理解为"实习"，而非"职业人"，忽视了对学生职业素养和综合素质的培养。

（五）"双定生"模式

"双定生"即"定向委培生"，是指学校和企业共同招生、共同培养，学生毕业后到协议单位定向就业的一种模式。"双定生"最初是为了解决偏远地区以及艰苦行业缺乏高技能人才的窘境而设立的人才培养方式，现广泛应用于职业院校人才培养。该模式由学校与企业签订协议，由企业出资或捐助学校实训器材，招收的学生入校后即具有双重身份，既是企业准员工，又是学校的在读学生，在学校学习专业理论知识，在企业顶岗实习，获得与企业员工同一标准的待遇，毕业后即可进入企业上岗工作，就业无忧。同时，学生可以通过顶岗实习赚取部分学杂费，为贫困家庭学生创造学习机会。但在该模式下，由于学生的就业类似铁饭碗，所以进入企业的学生在素质上参差不齐。

（六）校企共建 R&D 中心

该模式的特点是将企业的资本优势和高校的人力资源优势相结合，通常由高校提供场地建立共同研发机构，通过校企以技术创新、专利开发等方式联合攻关，研发成功后双方共享知识产权，在为企业的发展提供强有力的科技支持之余也能不断提升学生的科研创新能力和提高实践技能水平。

（七）共建大学科技园

大学科技园通常在大学附近区域建立，利用大学的人才、技术等优势，通过包括风险投资在内的多元化投资渠道，主要从事技术创新和企业孵化活动。该模式是高校服务地方经济的重要平台，对促进区域经济发展及中小型企业技术进步意义重大。通过大学科技园这个平台，一方面增加了高校的科技资源利用率，加快了科研成果转化；另一方面也促进了中小型等新技术企业的孵化，有利于创新人才的培养，也在一定程度上缓解了高校毕业生的就业压力。

三、校企合作与工学结合存在的问题分析

当前我国高校教育虽然在校企合作、工学结合方面取得了初步成绩，但从整体上看，还存在着一些制约因素。

（一）校企合作简单片面，没有形成体系

目前的校企合作几乎是学生在实训方面与企业简单地合作，没有考虑针对企业实际工作去组织教学；大多情况下是利用企业设备完成教学环节和辅助课本知识讲解，没有真正

以就业为导向；企业没有完全明确自己在校企合作中所扮演的角色，往往只是单纯地为学校提供教学环境，没有参与到学校的教学改革当中去，也没有把企业对人才的实际需求向学校反映。企业和学校成了两个在形式上合作但又相互独立而无交流的部门，对于向职业化转变的高校教学改革显得无能为力。对于校企合作缺乏整体推进，没有从系统的观点通盘考虑、统筹运作，使企业运行与办学诸要素之间无法有机结合并相互作用，虽构成了一个具有特定功能的整体，却无法最优地实现办学目标。

（二）企业的观念中，眼前利益高于长远利益

跟学校教书育人、追求社会效益的做法不同，企业所追求的是经济效益，其着眼点永远是如何使企业利润最大化。由于高校专业设置与社会需求脱节，课程开发与职业岗位要求不相适应，学生的职业技能和职业道德水平不高等，使得企业不愿意接收地方院校的学生实习、实训。同时，企业作为市场主体，往往只追求短期的经济利益，对毫无工作经验的学生不感兴趣，也不愿意付出代价去培养人才，只对能立即带来利益的成熟技术和熟练工人感兴趣，没有把高校教育的育人功能融入企业价值链中，不能主动承担为社会培养高技能应用型人才的任务。不少企业存在短期行为，把校企合作作为解决用工困难的手段，缺乏长期参与的动力，因此，很多企业难以与学校充分合作，对于校企合作没有长期的规划。

（三）学校的文化氛围与企业的工作氛围脱节

高校学生在学校的文化氛围中成长，接受更多的是以学术和理论研究为主体的教育模式，对社会的适应性不强，即使通过去企业观摩学习的方式进行了简单的训练，熟悉了自己工作岗位上的操作流程，也很难适应实际工作，无法正确地分析判断，无法处理工作中出现的突发事件，且公关意识不强，面对危机没有解决的办法，对行业当中的规则礼仪也不了解，很难在短时间内融入一个企业并成为企业当中的一分子。

（四）学校的教育没有真正服务于地方

高校在专业开设方面往往盲目地立足于国内的大市场，以国内的整体需求来衡量专业开设的必要性，没有以地方经济为基础，也没有统筹好教育质量、规模、结构和效益的关系，导致各级各类教育无法健康协调发展，地方的人才缺口大，人力资源的需求得不到满足，需要的专业没有相关的毕业生，而一些不需要的专业却毕业生饱和，无法顺利就业。

（五）教师对学生岗位不了解，不能与企业良好沟通

在校企合作和工学结合的培养模式下，一些教师没能及时转换自己的角色，没能理解校企合作和工学结合的具体执行方式，没有深入企业去了解企业的生产经营过程。同时，有些教师虽然关注了学生专业学习与学生岗位职责之间的关系，注重对学生从事工作时应掌握的技能的培养，但是忽略了对学生职业素养及职业道德、礼仪的教育，认为只在专业课方面培养学生即可，这造成了很多学生虽考试分数高、专业知识过硬，但无法适应企业的需求。

四、校企合作与工学结合的改革方向研究

（一）变校企简单联合为实体合作

校企实体合作即让企业从多个方面向高校注入股份，参与高校的管理，对学校全方位地整体参与、深层参与，并在管理上实行一体化管理，承担高校的决策、计划、组织、协调等管理职能，以主人的身份直接参与办学过程和学校人才培养，分享办学效益。目前，我国仅有极少数院校采用了这种合作模式。在这种模式下，企业为自己培养了人才，同时可取得了一定收益，既顾及了眼前利益，又考虑了长远利益，提高了企业参与高校教学改革和学生社会实践的积极性，可以做到以企业的强大实力为学校教学改革提供支持，以学校的教育体制为企业输送和培养人才。地方性综合大学在这方面具有一定的优势，可以把地方企业请进校园，让企业以校园为孵化基地，进行新项目的开发和研究；学校参与企业的研发工作，同时企业参与学校教学计划的设置，以自己的需求为导向，和高校探讨课程开设的问题，按照企业要求开设的课程培训完毕后，毕业生可进入企业工作，对于地方性企业更有针对性，这样高校既可服务于地方，又可解决学生的就业问题。

（二）学校与企业共同开展校园文化建设，培养学生的职业道德和价值观

校园是人才成长的摇篮，是人类文化传承、发展与创新的重要基地。它既是一个教学环境，也是一个文化环境。它将社会对人才的要求、社会观念、政治原则与价值规范体现在自己的传统结构中，通过课堂中的传授以及机制的规范、校风、教风、学风的熏陶和潜移默化的作用，形成了教育性、规范性、多样性、超前性、辐射性等特点，从而对整个社会文化起到引领和导航的作用。校园文化是校园中所有成员共同形成的物质和精神财富的总和，通过营造物质环境和精神氛围，使每个成员潜移默化地在价值取向和行为准则上产

生认同，形成凝聚力。而校园文化与企业文化的良好结合是形成学生价值观的重要保障。根据地方性综合大学的特色，学校在设计校园文化时可以模仿地方企业的设计方式，让学生在特定的氛围中学习，也可以让企业出面赞助学校完成校园文化建设，并把校园中由企业赞助获得的建筑冠以企业的名称，让学生记住相关企业，更多地了解地方企业。

（三）教师深入企业，注重学生的职业化教育

想真正做到工学结合，高校不仅需要将学生培养放在重点，更要注重教师的培养，发挥地方性高校的地域优势，定期派遣教师深入地方企业参加相关专业的实际工作，这样可以保证教师了解企业工作的流程，了解企业的核心价值体系，更好地配合企业需求制订教学计划，更好地培养学生。通过在企业的学习，教师不但可以更新知识，根据企业需求培养人才，而且可以了解企业文化、企业道德标准，在德育方面更好地培养学生，进行针对地方企业的职业化教育，让学生在专业技能和价值观方面都能够适应企业的需求。

通过以上改革，地方性高校的校企合作和工学结合的培养模式将更加完善深入，高校在加深对校企合作认识的同时，还要不断地探索校企合作办学的新模式，不拘一格地进行校企合作，建立适应学校自身的合作新模式。

第四节　比较视野下高校校企合作人才培养模式

人才培养是高校发展的生命线，而校企合作是高校人才培养和组织学生参加社会实践的重要载体，也是高等教育与时俱进的内在需求。《国家中长期人才发展规划纲要（2010—2020年）》指出，要建立政府指导下以企业为主体、市场为导向，多种形式的产学研战略联盟，企业与高校通过共建科技创新平台、开展合作教育、共同实施重大项目等方式，培养高层次人才和创新团队。《珠江三角洲地区改革发展规划纲要（2008—2020年）》强调要以新的思维和机制推动高等教育发展水平，鼓励校企合作开展全方位、宽领域、多形式的智力引进和人才培养合作，优化人才培养结构。

校企合作培养人才有成熟的国内外经验和模式，也有充足的社会资源和人力资源。我国目前正处于改革开放与经济转型的新阶段，校企合作能够结合各地得天独厚的产业、人文与技术优势，对推动经济增长与培养创新型综合人才具有重大作用。

一、国内外校企合作培养人才的模式

（一）美国、加拿大：以就业为培养目标

美国、加拿大的高等教育模式的主要特点是：首先，由学校聘请行业中一批具有代表性的专家组成专业委员会，按照岗位群的需要，层层分解，确定从事这一职业所应具备的能力，明确培养目标。其次，由学校组织相关教学人员，依照教学规律，将相同、相近的各项能力进行汇总、归纳，构成教学模块，制定教学大纲，依此施教。最后，企业一方提供劳动岗位、一定的劳动报酬，并派管理人员辅导学生适应劳动岗位、安全操作，协助学校教师评定学生应掌握的技能，确定学生的成绩；学校一方派教师到企业去，指导、监督学生生产学习，沟通学校与企业合作双方的要求，及时掌握学生学习动态。美国高等教育强调以培养岗位群所需的职业能力为核心，保证了职业能力培养目标的顺利实施。

（二）欧洲：企业培训主导教学实践

在欧洲国家的"双元制"教育中，企业培训起着主导的作用，职业学校只起配合与服务的作用。企业培训，又分为企业内培训和跨企业培训。企业内培训可分为五大类：①工业教学车间培训，其主要特征是培训与生产过程分离；②非系统的工业培训，其主要特征是培训与生产过程联系密切，大多在生产车间中进行；③传统的手工艺培训，其主要特征是培训与生产过程联系得最密切，教学完全在生产现场进行；④办公室和服务业的系统培训，其主要特征是把职业学校的理论教学与企业或行政机关的实践培训联系起来，增加与实践相关的理论知识的教学比重；⑤办公室和服务业的非系统培训，主要在中小型企业和办公室进行，其主要特征是通过实际操作来学习。

（三）日、韩、新加坡：外包式培养

日本学校多采用外包式培训，即将大学教学中的一部分课程外包到相关企业，学生直接到企业培训基地学习和实践，以此作为选修学分的一部分。韩国的大学课程开设遵循以下原则：开发对产学系列有用的教育课程；开发现实应用性的教育课程；加强有效率的实验实习及现场实习教育；加强与"国家技术资格证"获得相联系的高水平专门教育等。新加坡实行"教学工厂"人才培养模式，高校课程与教学安排注重学以致用、切合实际，学校可以直接参与到企业的生产经营中去，为企业主动研发新项目、新产品，国家二级、三级技工的课程中70%的时间用于技能训练，剩余30%的时间用于理论学习，而且在考核

中侧重于能力考核。

（四）国内：订单式教学与企业委培制度

国内校企合作多实行订单式教育和企业委培制度。所谓"订单式教育"，就是学校和企业之间所商定的培养合同，优先录用合作院校的毕业生。学校将企业特定需求作为教学目的，企业则在学习目标、人才规格、知识技能的定位上提出相应培养标准，学校按"合同"为企业生产特殊的商品"人才"。企业委培制度是指企业将所需的人才信息传递给学校，学校根据企业的需求设置相关专业，调整教材，为企业培养符合其要求的技术型人才，同时，利用寒暑假让学生深入企业开展实践活动，强化自己的劳动技能，企业也派技术人员到学校担任兼职教师，对学生的学习技能进行指导。学生深造一定年限后回到企业工作，并帮助企业解决技术问题。

二、我国地方高校校企合作存在的不足

（一）缺少法律方面的支持

国家虽然制定了一些政策支持校企合作的发展，但是仍旧缺少法律的约束，这直接导致了权责模糊，很多地方经常会出现这样的情况：学校非常积极地推荐学生去实践，但是合作的地方企业不甚重视，仅仅给学生提供和专业无关的岗位。此外，没有法律支持，合作双方缺少必要的制约和监管，再加上地方企业重视的是短期内的利益，学校开设课程立足的往往是国家大市场，这不利于培养计划的制订，双方很难进行长时间的合作。

（二）校企合作中人才评估机制不完善

现在校企合作的过程中人才评估机制并不健全，无法全面地对学生进行监督和评价，并且在评估的时候很少了解学生学习和纪律方面的情况，学生出现问题时也很难及时地跟教师反馈，教师也很难根据学生在地方企业的实习情况客观真实地对学生做出合理的评价。

（三）在校企合作的过程中反馈机制不健全

现在很多地方企业和学校的合作仅仅停留在比较浅的层次，没有进行整体的规划，而且校企合作的时候存在内容和教学脱节的情况，大多数地方企业仅仅是提供实习岗位，但和学生的专业并不对口，经常会出现为了实习而进行实习的情况。此外教师和企业的合作交流比较少，没有达成一致的目标，很难进行信息的反馈，这直接导致了学科建设和学科调整存在脱节的情况，专业设置无法满足企业的需要。

三、几点启示

校企合作培养人才是在产学研合作的基础上，着重育人功能而提出来的教育思想，它突破了以往产学研注重生产和科研的合作而忽略了教学和育人的情况。国内外校企合作的成功经验和模式给教育工作者带来了启示。

（一）人才培养是校企合作教育的根本目的

高校人才培养质量直接影响高等教育的深入发展，较大程度地影响了社会进步及人才质量。当前社会的变革、人才需求的快速变化，对校企合作人才的培养提出了新的要求，归根到底在于人才的培养。任何以人才培养为借口，以学校创收为目的的校企合作方式，都必将损害学生利益和学校声誉。校企合作人才培养模式诸要素之间的组合方式及其动作流程的范式，是可供教师和教学管理人员在教学活动中借以操作的既简约又完整的实施方案，是现代教育教学实践的一种尝试和变革，最终目的在于培养能够面向经济建设与社会进步的新型人才，并且能够经得起市场、经济和社会的检验。

（二）健全法规是校企合作教育的法律保障

为确保职业教育快速健康持续地发展，政府应以有利于校企双方共同发展为原则，积极建立产学研相结合、校企合作的动力机制和评价机制，在实际法律法规的落实上鼓励和支持校企合作。社会方面，国家应在政策上给予倾斜，在资金上给予支持，对积极参与校企合作的企业给予相关的补偿政策，鼓励更多的企业主动投身到校企合作的全过程，同时出台相应的法律法规，规范校企合作教育，保障校企双方的合法权益，避免出现不必要的纠纷。或者在政府的有效运作下，让更多的企业与学校建立人才培养合作关系，企业主动对学生进行实践操作培训，主动帮助学校配置所需要的技术设备，使企业与学校之间的关系更加稳固，让校企合作教育更加有法律保障。学校方面，可建立联合办学协议、联合办学规划、校企联合共建实践基地计划、"双师型"教师培养计划等方面的机制，对学校与企业进行责权分工。建立企业技术骨干教师聘任考核办法、校企联合科研开发管理办法、学生生产实习教育管理办法等管理制度，对校企合作教育进行一定程度的规范管理，保护师生利益。

（三）评估反馈是校企合作教育的内在要求

校企合作是一种以市场和社会就业需求为导向的教育机制，是学校和企业资源共享、优势互补，双方共同参与人才培养的教育体制。由于校企合作的实施开展，学校教育必须与社会经济发展的现状尤其是与区域经济的特点相适应，同时要与用人单位对技能人才的需求相匹配。这就要求校企之间必须建立有效的评估反馈机制，以利于双方制订符合区域行业发展、学校学生成长的培养方案。一方面，要对学生在企业学习的技能实行有效评估，学生学习期间必须严格按照企业教学大纲和教学进度，按照企业员工管理和生产流程，扎实进行生产实践各个环节的学习；另一方面，要坚持教学质量评估和考核，对教师教学活动的环节进行评价，根据综合评价结果由校企双方给予相应奖励或处罚。同时通过有效的反馈机制及时解决校企合作出现的问题，调整学科教育与学科建设。评估反馈是校企合作教育的内在要求，有利于校企合作共赢局面的形成。

校企合作教育是适应我国高等教育发展的必然产物，也是我国建立人力资源强国的内在要求。校企合作培养人才的根本意义在于将高校培育人才工程推向市场，推向经济建设和社会进步的主战场，并接受市场、经济和社会的检验。

第五节　疫情下"互联网 +"高校校企合作人才培养模式

在疫情背景下，当下社会中远程办公逐渐向一种工作模式快速发展，并且从一些领域来看，极有可能呈现一种常态化的发展趋势。而对于高校校企合作人才培养来说，为避免自身人才培养受到疫情影响，也应该在"互联网 +"方面加大探索力度，进而构建出更适应社会形势的人才培养模式。

一、"互联网 +"校企联合招生

一般来说，高校人才培养过程中的起点和基础就是招生工作，基于优质生源的招录，才能更好地支撑高校发展。基于"互联网 +"的校企联合招生模式，主要是借助互联网来促进招生需求预测以及计划制订和信息发布等的实现，借此保障顺利完成高校校企合作人才培养模式的首要环节——招生工作。

从招生需求预测的角度来说，主要是基于互联网技术的高效运用，促进校企和行业与教育部门间数据共享的良好实现，之后再借助云计算以及大数据等技术的合理运用，对历年考生报名报到、学生专业课程改革、行业人才规模和需求等多个方面的数据信息进行分析、挖掘，并与高校往年招生人才培养和就业情况等相结合，开展关联性分析工作，确保将各类考生和专业成绩间的关系理清晰，促使高校优质生源录取概率有效提高，对各专业未来就业前景进行合理预测，保障高校后期招生的规模与结构得以有效明确。

立足于制订招生计划这一角度进行分析，主要是以招生需求为依据，对结果进行预测，之后由校企双方运用多种途径探讨并科学制订具备合理性的招生计划。而从招生信息的发布和报名角度分析，主要是对计算机网络和各新媒体工具等加以利用，广泛推广和宣传高校的招生计划，之后借助网络与学生手中的移动终端设备进行报名操作，促进学校特色办学等有效实现的同时，保障招生数量的不断增加。

二、"互联网+"校企共建专业

校企合作育人的重要环节之一就是校企共建专业，在"互联网+"校企共建专业环节具体开展过程中，主要以互联网技术应用为主要方式，借此促进行业企业在高校专业课程建设中积极参与，之后基于校企双方对大数据以及云计算等先进技术的应用，保障企业用人专业需求的准确预测得以有效实现，并以此为依据来动态化地调整专业设置和人才培养方案，促进学校专业设置和企业产业需求良好衔接。

预测企业用人专业需求环节开展过程中，主要是借助"互联网+"的有效应用，基于招生需求预测来推动校企双方深入合作交流的有效实现，借助此种方式来保障高校人才培养中企业用人专业需求预测协作参与机制的有效形成，为明确企业在专业设置方面的具体需求提供有利条件。校企双方基于"互联网+"背景，针对产业发展需求的有效运用，以动态化方式调整专业设置（即专业设置动态调整模式）。与此同时，在校企双方对大数据技术加以高效利用的基础上，针对一些发展前景较好的专业进行分析和挖掘，确保新专业得以有效构建。在校企双方利用企业用人专业需求预测和动态调整专业设置这两种方式的过程中，还应在人才培养方案共同修订方面加大力度，确保动态化的人才需求更新模式得以有效实现，这一理论就是动态调整培养方案。在这一过程中，校企还需要在课程体系以及教学内容等方面进行有针对性的调整，确保为高校人才培养与岗位间适应性的不断提高创造有利条件。

三、"互联网+"校企共培师资

为保障校企深度合作有效实现，应该在校企共建师资队伍方面加大力度。在"互联网+"背景下校企共建师资环节开展过程中，可以利用微信、QQ等软件来保障校企双方工作人员双向的挂职锻炼与合作交流等得以有效实现，进而借助企业的实践操作和锻炼等提高学校教师的专业技能，保障高校教师能够突破时间和空间的限制，借助互联网来促进自身专业技能的不断提升。在这一过程中，企业的工作人员也可与学校教师进行交流、经验分享和不断学习，并对学校具体教学任务进行一定的承担，达到双向挂职和合作交流这一目的。

"互联网+"下多样化虚拟交流途径在校企双方的有效开展，能够使得双方工作人员与自身情况相结合，探讨双方都感兴趣的话题，并对双方工作人员参与行为及时进行调整。与以往传统挂职锻炼方式相比，互联网下的双向合作交流以及挂职锻炼这一模式的应用，能促进双方工作人员参与积极性不断提高，能为双方沟通面的广阔发展提供有利条件，保障校企双方工作人员的学习效率和学习质量不断提高，实现"互联网+"下校企共培师资的有效性。

疫情虽阻断了我们见面，但阻断不了我们不断进步，为更好地适应社会形势和大环境，就应该在互联网方面加大探索力度，基于"互联网+"思维的应用，积极探索高校校企合作人才培养新模式，保障有效培养人才的同时，为人才培养途径的不断拓宽提供有利条件。

第五章 国别区域人才培养

第一节 区域与国别研究人才培养

当前，国内外形势正在发生深刻复杂的变化，迫切需要我们进一步加深对世界各国的认知，于是培养国别与区域研究人才的重要性日益凸显。随着国家支持力度的不断加大，众多科研机构纷纷成立，研究成果不断涌现，国别与区域研究成为人文社科领域的一门显学。2018 年，教育部发布《外国语言文学类教学质量国家标准》（下文简称《外语教学国标》），其"概述"部分指出："外语类专业是全国高等学校人文社会科学学科的重要组成部分，学科基础包括外国语言学、外国文学、翻译学、国别与区域研究、比较文学与跨文化研究，具有跨学科特点。外语类专业可与其他相关专业结合，形成复合型专业，以适应社会发展的需要。"作为国别与区域研究领域的主要力量之一，英语专业理应担负起相关教学和研究工作。然而，在当下高校英语专业本科教学实践中，系统的国别与区域研究课程体系和有效的教学方法尚不多见。为此，高校应主动作为、对标找差，在不断完善课程体系建设、师资队伍建设和教学条件建设的过程中，努力培养适应国家对外开放战略需求的"英语＋国别与区域研究"复合型人才。

一、国别与区域研究现状及其与高校英语专业的关系

国别与区域研究是应国家发展战略而勃兴的学术领域，近年来呈现良好的发展态势。自 2012 年起，教育部在全国高校设立国别和区域研究培育基地、备案国别和区域研究中心。据不完全统计，全国现约有 50 个教育部国别和区域研究培育基地、400 个国别和区域研究备案中心，基本覆盖了联合国各正式成员国。在论文、著作、报告等研究成果不断涌现的同时，一些高校还举办了颇具影响力的国别与区域研究学术研讨会。

然而不可否认的是，虽然众多高校成立了国别与区域研究机构，但是实际工作进展

并不尽如人意。究其主要原因，或许在于学界对国别与区域研究的学科属性、学理依据和研究方法等基本问题仍未达成广泛共识，这些认识分歧无疑制约其快速发展。就名称而言，目前可见"地区研究""区域研究""区域国别研究""国别与区域研究""区域与国别研究""国际区域学"等多种叫法，规范化问题亟待解决。对于什么是"国别与区域研究"，有学者认为，"区域研究是国际问题研究中非常重要的一个方面，它从跨学科的角度对世界各国和各地区的政治、经济、社会、思想、历史、文化等各个领域展开了研究"。另有学者指出，"区域国别研究与国际问题研究和国际政治研究联系密切，但无论从广度还是深度上前者都大于后者"。还有学者指出，"国别和区域研究是针对特定国家或者区域的政治、经济、社会、军事、人文、法律等领域的社会科学研究，是侧重于公共事务和公共政策的专门研究"。此外，美国学者大卫·桑顿（David L. Szanton）教授的观点多次被学者引用：

区域研究最好被理解为是一种拥有共同承诺的学术领域与活动群集的涵盖性术语；高强度的语言学习；用当地语言深入实地调查；对当地历史、观点、材料及阐释密切关注；用细致观察来检验、制定、批判或发展基础理论；经常超越社会科学和人文学科的边界进行多学科交流。

正因为国别与区域研究与哲学、经济学、法学、教育学、文学、历史学和军事学等诸多学科存在交叉关联，具有边界模糊性、方法建构性和领域广泛性的特征，所以不少学者在开展教学和研究工作时感觉无从下手。笔者认为，与其纠结于其跨学科性而止步不前，不如以某单一学科为抓手，从具体国别与区域知识的收集、整理和分析入手，在教学和研究中不断探索和总结有效的研究方法，逐渐形成并完善可信、可行的理论体系，这恐怕才是当前开展国别与区域研究应持有的学术态度。

目前，国内高校针对国别与区域研究开展了一些有益探索。从学科设置上来看，国别与区域研究一般被定位为外国语言文学、政治学等一级学科之下的二级学科，学生培养层次和培养方式不尽相同。一些高校将国别与区域研究列为专业或研究方向，如上海外国语大学国际关系与公共事务学院设立了区域国别研究硕士专业，北京语言大学设立了国别和区域研究博士专业，兰州大学将国别与区域问题研究列为国际政治硕士专业的研究方向。一些高校还和政府部门联合培养国别与区域研究人员，如北京语言大学和中国外文局当代中国与世界研究院从 2019 年就开始联合培养国别与区域研究专业博士研究生。笔者认为，拥有扎实的语言功底是从事国别与区域研究的重要条件之一，相对而言，英语专业在此方面具有一定优势。同时，英语专业还拥有一些有利的外部条件，譬如，《外语教学国标》将国别与区域研究明确列为外语类专业的学科基础之一。 这不仅从政策上确立了外语类专业从事国别与区域教学和研究的"合法性"，也为其长远发展提供了强大动力。因此，英语专业理应在国别与区域教学和研究方面有所作为。

二、"英语＋国别与区域研究"复合型人才的定位和培养目标

完善英语专业本科课程结构，加强国别与区域教学，首先要厘清"英语＋国别与区域研究"复合型人才的定位和英语专业本科阶段的培养目标。 上文所述问题的存在很大程度上正是缘于对此缺乏清晰而全面的认识。

"复合型人才是指具有两种或两种以上学科知识、能力和素养的人才，其中一门学科为主，其他学科为辅。"本节所说的"英语＋国别与区域研究"复合型人才是指以国家本科教学质量标准为指导，通过系统学习英语语言文学专业所有必修课程和相关选修课程，具有良好英语实际运用能力，具备信息收集、整理和研究能力，熟悉某些英语国家的历史、政治、经济、文化、宗教、法律、军事等领域情况，能为政府决策提供咨询服务的英语专业人才。为了满足当前国家对精通外语、熟悉国外情况的人才的需求，高校有必要积极推进传统英语专业人才培养向"英语＋国别与区域研究"复合型人才培养的转型升级。

《外语教学国标》要求外语类专业学生"掌握外国语言知识、外国文学知识、国别与区域知识，熟悉中国语言文化知识，了解相关专业知识及人文社会科学与自然科学基础知识"，但并未对各学习阶段的培养侧重点进行明确规定。笔者认为，应针对不同学习阶段设立具有差异性的培养目标。比如，本科阶段，所有学生以英语专业知识和技能学习以及国别与区域基础知识学习为指向；研究生阶段，国别与区域研究方向的学生以学术研究为指引。换言之，本科阶段应培养对国别与区域知识有一般性认知的通识型英语人才，研究生阶段可有选择地培养有志于从事国别与区域研究的学术型英语人才。

三、英语专业本科阶段国别与区域研究课程的设置方式

按照《外语教学国标》，外语类专业本科课程体系分为"通识教育课程、专业核心课程、培养方向课程、实践教学环节和毕业论文五个部分"。其中，专业核心课程分为"外语技能课程和专业知识课程"两种，国别与区域研究的基础课程属于专业知识课程；"培

养方向课程包括外国文学、外国语言学、翻译学、外语教育、国别与区域研究、比较文学与跨文化研究、专门用途外语以及相关培养方向等类别，其可分为必修课程和选修课程"。由此可见，英语专业本科国别与区域研究课程既可面向所有英语专业学生设置为必修课程，也可面向毕业后有志于在国别与区域研究方面深造的学生设置为选修课程。具体设置方式主要有并置式和融合式两种。

并置式指单独设立国别与区域研究课程模块，使其与综合英语、英语视听说、英语口语、英语写作、英汉 / 汉英笔译、英汉 / 汉英口译等英语专业核心课程具有同等的重要性。并置式应兼顾通识类课程和特色类课程，前者指英美社会与文化、英语国家人文地理、西方文化、西方文明史等国别与区域研究基础课程；后者指针对特定对象国家的国别与区域研究课程，其设置需要综合考量学校区位优势及特色学科、教师学术背景和科研方向等条件。以南京信息工程大学为例，该校大气科学专业长期以来享有国际盛誉，作为联合国世界气象组织区域培训中心和亚太经合组织台风委员会培训中心，该校与世界气象组织众多成员国保持着密切的协作关系和学术联系。鉴于此，该校英语专业本科亦有针对性地开展了有关世界气象组织成员国的国别与区域教学，以顺应学校特色学科国际化发展趋势，并为政府部门在涉及国际气象问题决策时提供了有力的智力支持。

融合式指基于"内容与语言融合式学习"（Content and Language Integrated Learning，简称 CLIL）理念，"有机融合国别区域学专业知识、能力、素质教学与外语技能教学"，在提高学生英语运用技能的同时拓展其国际视野。比如，口语课程可与跨文化交际课程整合，让学生在对话练习中掌握跨文化交际知识；综合英语课程可适量选用一些大多数学生感到陌生的英语国家的资料作为学习素材，鼓励学生自主探索这些国家的社会、文化、政治等领域的基础知识；英美文学课程除了关注英美经典作家的创作旨趣、文艺思想和写作风格，还可适当增加对其他英语国家重要作家的评介，尤其是注意发掘与中国存在关联的英语作家；视听说课程可融入英国脱欧、中美贸易战、全球联合抗击疫情等时政内容，增进学生对国际政治和经济热点问题的了解；翻译课程在训练学生英汉互译技能时可适当选用国别与区域研究经典成果作为素材，如美国布鲁金斯学会（Brookings Institution）、兰德公司（Rand Corporation）等知名智库的研究报告；语言学课程可增加对某些国家区域语言的介绍，如新西兰毛利语等，以加深学生对语言多样化及英语与其他语言之间关联的认知。对于已具有一定学科知识、专业能力和认知能力的英语专业本科学生而言，融合式课程教学无疑是一种可行且富有实效的教学模式。

除了上述两种课程设置方式，英语专业本科国别与区域教学还可以采用举办专题讲座、组织留学生文化艺术节、成立学生兴趣社团、聘请学生作为研究助理等多种方式作为有益补充。

四、构建"英语＋国别与区域研究"复合型人才培养体系的若干建议

（一）多措并举，解决国别与区域教学师资不足难题

归根结底，"外国语言文学类专业及其他涉外专业培养国别区域人才的首要问题是教师队伍问题"。尽管大部分高校英语专业教师对国别与区域教学和研究充满热情并进行了积极探索，但是相关知识和理论基础的重构并非易事，转型面临较大压力。因此，高校应重视英语专业教师相关学术素养及业务能力的培育和提升，充分盘活校内外资源，积极开展全方位、多层次合作，为教师接受系统、正规的国别与区域学术训练创造条件。

（二）统筹规划，编写多形式、立体化国别与区域教材

当前英语专业本科国别与区域教学还面临教材使用不统一、不规范的问题。国家教育主管部门应做好顶层设计，统一规划部署，组织多个领域的专业力量编写国别与区域通用教材，以供高校选用。同时，高校可根据课程标准，结合自身学科特色和教学实际，编写与本校英语专业学生未来职业发展紧密相关的教材。此外，国别与区域教材编写要紧跟时代步伐，积极运用信息技术，整合纸质教材、电子教材、移动课件、微课等多种资源，以实现教材的数字化、智能化和立体化。

（三）打破学科专业壁垒，探索国别与区域教学和研究的多元路径

国别与区域研究的跨学科属性为其与包括语言在内的政治、历史和经济等诸多学科的融合和互动提供了可能。英语专业本科阶段国别与区域教学和研究应具有开放性、协作性，因为"走出外语学科，让英语迈入其他人文学科、社会科学乃至自然科学的领地"，实现成功嫁接，"同样能结出硕果"。鉴于此，英语专业教师应充分借鉴吸收其他相关学科的先进经验和成熟做法，积极探索英语专业和其他学科专业联合开展国别与区域教学和研究的多元路径。

（四）探索不同培养路线，健全多层次国别与区域研究人才培养体系

为了满足不同层次国别与区域研究人才培养的需求，高校英语专业一方面要注意摸索

不同学历层次复合型人才培养路线，建立层次分明、指向清晰的本科和研究生阶段国别与区域研究课程体系；另一方面要营造教研相长的氛围，鼓励教师在教学的同时积极致力于国别与区域研究理论体系和学科体系的建构和完善。

第二节　新文科背景下国别区域人才培养

党的十八大以来，中国以更加自信有为的姿态积极参与全球治理，不断为人类做出更大贡献。发展模式的重构使得中国不再仅仅是国际规则的接受者和跟随者，而是逐步成为国际规则制定的重要参与者，"在更多领域和更广范围内掌握和展现国际规则话语权"。日益走近世界舞台中央的中国，迫切需要大力发展国别和区域研究，加强国别和区域人才队伍建设。国别和区域人才培养既是我国践行"共商共建共享"全球治理观的重要环节，也是高校服务国家战略，发挥人才培养、科学研究、社会服务、文化传承创新和国际交流合作功能的重要途径。当前，我国国别和区域人才培养在质量和数量上都难以满足国家发展的需求，"与中国的大国地位还不相匹配"，立足中国、面向未来，进一步加强和改进国别和区域人才培养刻不容缓。

2018年，教育部等六部门发布了《关于实施基础学科拔尖学生培养计划2.0的意见》，"新文科"概念浮出水面。2020年，由教育部新文科建设工作组主办的新文科建设工作会议在山东大学召开，会议发布了《新文科建设宣言》，对新文科建设做出全面部署，"新文科建设全面启动"。新文科"以培养具有新时代中国特色、中国风格、中国气派的先进文化"，培养优秀的社会科学人才为目标，"以继承与创新、交叉与融合、协同与共享为主要途径，促进多学科交叉与深度融合，推动传统文科的更新升级"。新文科建设的扎实推进为加强和改进国别和区域人才培养提供了新的机遇和路径。在这样的时代背景下，梳理我国国别和区域人才培养的需求和现状，并结合新文科的内涵和目标提出有针对性的建议，无疑具有一定的理论与现实意义。

一、国别和区域人才培养的需求

中华人民共和国成立以来，"我国在全球治理中的角色经历了从疏离到参与再到引领的变化"，与世界各国的交流合作日益加强。近年来，我国举办了G20杭州峰会、"一带一路"

国际合作高峰论坛、亚洲文明对话大会、上海合作组织青岛峰会、中国国际进口博览会等大量高层次国际会议和博览会，接待了多位国家政要和国际组织负责人。G20 杭州峰会期间，4021 名志愿者为与会者提供了英语、德语、法语、西班牙语、阿拉伯语等语种服务。第二届中国国际进口博览会期间，5881 名志愿者为参会者提供了英语、法语、西班牙语、德语、意大利语、荷兰语、波兰语、捷克语等语种服务。受限于知识和能力结构，大部分志愿者主要承担综合接待工作。当前，我国"专业设置和培养方案修订的相对滞后造成了'一带一路'倡议落实落地人力资源保障的缺口"：一方面，外语专业人才缺乏对对象国（地区）全面深入的了解及相关专业知识（如国际关系、国际贸易、国际法）；另一方面，专业领域人才缺乏相关语言能力。"随着科学技术革新和人类活动范围的扩大，全球治理领域出现了很多新的疆域"，我国有必要进一步加快国别和区域研究学科体系建设，充分发挥高校人才培养的优势，培养更多"熟悉党和国家方针政策、了解我国国情、具有全球视野、熟练运用外语、通晓国际规则、精通国际谈判的专业人才"，从而为我国参与全球治理提供有力的人才支撑。

二、国别和区域人才培养的现状

我国国别和区域研究从 20 世纪五六十年代第一批国际问题研究所的设立起步。2012年，为服务国家发展战略，促进国别和区域研究，推动高校的智库建设，教育部出台了专门的国别和区域研究支持政策，在高校启动了国别和区域研究基地遴选与培育建设工作。经过数十年的摸索和实践，我国国别和区域研究的"学科定位、优势职能和发展路径"日渐明晰，建成了一批有实力、有特色、有影响的专门研究机构，基本实现了全球国别、次区域、区域、国际组织等多层面、"全覆盖"。总体而言，我国国别和区域研究尽管取得了长足进步，为国家对外交往提供了有力的智力支持，但相比其他较为成熟的学科研究，依然存在一些明显的不足。

学科建设与人才培养紧密相关，"学科建设的主要任务之一就是充实学科内涵，为人才培养提供丰富多样、品质优良的教育资源和条件"；同时，有了人才支撑，才会有学科的真正勃兴。近年来，我国国别和区域研究逐步从偏重学术研究转向兼顾学术研究和人才培养。北京大学、北京外国语大学、上海外国语大学、天津外国语大学、大连外国语大学、黑龙江大学等高校依托自身资源优势，在国别和区域人才培养方面进行了有益的探索。囿于篇幅，下文仅介绍两则实践案例。

在教育部和上海市人民政府的支持下，上海外国语大学于 2018 年成立了集"资政、咨商、启民、育人"功能于一体的上海全球治理与区域国别研究院。在育人方面，研究院开设了欧亚文明研究、欧洲文明研究及全球教育比较等特色研究生班，采用跨校培养、跨学科项目研究、多学科学术活动等方式，稳步推进国别和区域人才培养体系建设。

天津外国语大学拉美研究中心是教育部首批 37 个国别和区域研究培育基地之一，重视与相关学院的合作，积极将拉美研究融入相关学科的教学和研究之中。依托拉美研究中心的师资和学术优势，天津外国语大学在拉美问题研究方向硕士研究生培养中，确立了"语言 + 专业"的立体发展思路，开设了普通语言学、西班牙语高级视听说、西班牙语语法理论、西班牙国情研究、拉美国情研究、拉美历史研究、当代拉美问题研究、研究方法与论文写作、中西翻译史、拉美社会与文化等课程。借助于专业学习和训练，学生不仅具有扎实的西班牙语及拉美国情基础知识，而且具备较强的拉美问题研究能力，能熟练使用西班牙语和其他语种，并且能胜任教学、外事、外贸、对外新闻出版等工作。

对标学科属性和现实需求，当前我国国别和区域人才培养主要存在以下问题：一是我国国别和区域研究尚未成为一级学科，人才培养主要依托外国语言文学和政治学这两个一级学科，课程设置难以打破学科藩篱，无法实现真正的学科交叉与融合；二是人才培养资源分布不均衡，培养渠道尚不丰富，未能形成较为完整的学士、硕士、博士培养体系；三是课程所涉及的知识通常局限于单个国家或地区，"缺少跨国别、跨区域以及全球层面的知识"；四是受现阶段我国国别和区域研究"偏大国化、偏西方化"影响，面向东南亚、中亚、西亚、中东欧、拉美、非洲等区域的国别和区域人才培养相对薄弱。

三、进一步加强和改进国别和区域人才培养的对策

国别和区域人才培养是一项系统工程，有赖于顶层的推动、制度的跟进，以及相应的各种配套支持，需要"积极探索新模式，注重人才培养的多方面融通和贯通"。在国家层面，《国家中长期教育改革和发展规划纲要（2010—2020 年）》《关于做好新时期教育对外开放工作的若干意见》《普通高等学校本科专业类教学质量国家标准（外国语言文学类）》《普通高等学校本科外国语言文学类专业教学指南》等文件的出台，为进一步加强和改进国别和区域人才培养提供了依据，指明了方向。新文科背景下，高校应落实立德树人的根本任务，坚持"国家意识与国际视野互为主体的外语教育原则"，以"会语言、通国家、精领域"为导向，稳步推进国别和区域人才培养工作，"实现人才培养结构、培养模式与国家需求

相匹配，专业体系、人才培养体系与产业链、创新链等相衔接"。

（一）明确人才培养规格

新文科背景下，国别和区域人才的核心内涵发生了变化，因而有必要从素质、知识和能力三个维度进一步明确培养规格。就素质而言，国别和区域人才应具有正确的世界观、人生观和价值观，良好的人类命运共同体意识，中国情怀和国际视野，社会责任感，人文与科学素养，合作精神，创新精神，以及学科基本素养。就知识而言，国别和区域人才应掌握相关学科的基本理论知识，了解对象国（地区）政治、经济、文化、教育等方面的重大问题和核心问题。就能力而言，国别和区域人才应具备多语种运用能力、跨文化交流能力、对象国（地区）当前形势与发展趋势研判能力、跨学科研究能力、田野调查能力、讲好中国故事能力，以及一定的创新能力、信息技术应用能力、自主学习能力和实践能力。当然，国别和区域人才是多层次的，有应用型人才和研究型人才之分，因而高校要根据具体培养对象进一步细化素质、知识和能力要求。

（二）创新人才培养模式

当今时代，"新科技和产业革命浪潮奔腾而至，社会问题日益复杂化、综合化，应对新变化、解决复杂问题亟须跨学科专业的知识整合，推动融合发展是新文科建设的必然选择"。鉴于此，国别和区域人才培养要打破学科壁垒的束缚，以模式创新为抓手，从根本上改革由来已久的以专业为出发点的人才培养模式，构建高校与实务部门、国内与国外双协同的全链条育人机制（张蔚磊 2021）。国别和区域人才培养模式创新既要借鉴成熟的国际经验，更要观照中国现实、体现中国特色。比如，北京大学依托高水平的师资队伍和厚实的科研积累，在本科和研究生阶段分别采用不同的国别和区域人才培养模式，即在本科阶段采用跨专业融合培养模式，在研究生阶段采用多学科交叉培养模式。为了给学生提供多样化、综合性的跨学科学习机会，高校要全面整合校内外资源，通过系列大讲堂、学术研讨会、科研合作、名师跨校授课、海外学习等多种方式，促进学科融合、优势互补，切实提升国别和区域人才培养质量。

（三）完善课程体系建设

作为人才培养的核心和落脚点，课程体系体现了特定的教育理念，通过设置课程门类并加以排列组合来实现培养目标。为了进一步完善国别和区域人才培养课程体系建设，要注意以下几个方面的问题：

第一，要把握新文科人才培养方向，"密切结合中国、世界的历史和现实问题，以语言、历史和文化为基础，以学术为中心，突出学生创新意识和创新能力培养"。

第二，要建立科学合理的课程结构，处理好通识教育课程、专业核心课程、培养方向课程、实践教学环节和毕业论文五个部分之间的关系，充分协调和发挥不同课程的育人功能。

第三，要注重将中国特色社会主义建设的最新理论成果和实践经验转化为优质教学资源，兼顾国别和区域的整体知识及学科领域的专门知识，整合多学科的研究方法，加强课程内容设计，让学生通过课程学习对本国和对象国（地区）的政治、经济、文化、教育等方面的重大问题及核心问题形成正确的认知，能甄别不同意识形态下人们关于同一理论和现实问题的不同立场。

第四，要充分运用现代信息技术革新课程形式，着力构建线上与线下相结合的国别和区域大课程体系。

第五，要组织多学科专家和一线教师一起对课程目标、课程结构、课程内容、课程教材等方面进行科学论证，并根据经济社会发展需要建立动态课程调整机制。

当前，世界正经历百年未有之大变局，我国正处于实现中华民族伟大复兴的关键时期，准确识变、科学应变、主动求变，进一步加强和改进国别和区域人才培养，是时代赋予高等教育的重要命题。本节结合新文科的内涵和目标，从需求、现状和对策三个方面探讨了我国国别和区域人才培养问题。当然，本节对国别和区域人才培养的需求和现状的梳理还不够全面，提出的建议还仅是一种思路和框架，期待学界对这一课题进行持续的关注和研究。

第三节　全球治理视域下国别区域人才培养

在百年未有之大变局背景下，随着国际力量对比消长变化和全球性挑战日益增多，加强全球治理、推动全球治理体系变革成为大势所趋。党的十八大以来，我国走进"强起来"的新时代，日益走近世界舞台中央，积极参与全球治理，主动承担国际责任，推动国际秩序朝着更加公正合理的方向发展。这对我国全球治理人才的培养和供给提出了新课题。

高校是人才培养的高地，目前国内学界已有学者在讨论如何完善全球治理人才的培养体系，但是鲜有专门从外语学科出发的讨论。与此同时，近年来外语学科在服务国家外交战略的需求下，大力发展国别和区域研究，着力培养"外语＋国别和区域研究"的复合型人才。那么，外语学科下的国别区域人才培养对我国参与全球治理的意义何在，或者说从我国参与全球治理的需求出发，外语学科下的国别区域人才应该如何培养，是本节拟探析的内容。

一、中国参与全球治理的角色及其能力要求

全球治理（Global Governance）的概念从 20 世纪 90 年代中期以来在全球学术和政治讨论中日益受到关注，我国学者对此也有广泛讨论，然而，学界对于全球治理并无一个统一的定义。如果把全球治理理解为一项"改革工程"，那么它就意味着伴随着经济全球化的深入，单个国家已无力解决全球性问题，需要在国际层面共同应对。从这个角度来看，全球治理就是指"国际社会的多元行为体为解决全球问题提供全球公共产品的过程"，是"全球问题的应对之道"。作为世界上最大的发展中国家和联合国安理会常任理事国，中国始终关注和积极参与全球治理；作为崛起的负责任大国，中国近年来更是积极参与全球治理体系的改革和建设，不断贡献中国智慧和力量。

（一）中国在全球治理中的角色

回顾中华人民共和国成立以来的 70 多年，我国在全球治理中的角色经历了从疏离到参与再到引领的变化。中华人民共和国在成立后的很长一段时间里，并未融入由各领域国际机制构成的全球治理体系。2001 年，中国加入世界贸易组织，开始全面融入全球治理体系，并开始深度参与各领域国际机制建设和国际规则制定。此后，随着国际实力格局出现"东升西降"，我国的综合实力尤其是经济实力大幅提升，我国获得了在全球治理体系中发挥引领性作用的历史性机遇，成为全球治理变革进程的重要参与者、推动者和引领者。

我国在全球治理中角色渐进变化的原因在于我国在全球治理体系变革的进程中日益主动和创造性地提出了中国智慧、中国方案。党的十九届四中全会《中共中央关于坚持和完善中国特色社会主义制度推进国家治理体系和治理能力现代化若干重大问题的决定》重申了"中国之治"的全球治理观："高举构建人类命运共同体旗帜，秉持共商共建共享的全球治理观，倡导多边主义和国际关系民主化，推动全球经济治理机制变革。推动在共同但

有区别的责任、公平、各自能力等原则的基础上开展应对气候变化国际合作。维护联合国在全球治理中的核心地位，支持上海合作组织、金砖国家、二十国集团等平台机制化建设，推动构建更加公正合理的国际治理体系。"可以预期，未来我国在全球治理中的贡献会更大，引领作用更加彰显。为此，"要加强全球治理人才队伍建设，突破人才瓶颈，做好人才储备，为我国参与全球治理提供有力人才支撑"。

（二）中国参与全球治理的能力要求

习近平总书记强调，要提高我国参与全球治理的能力，着力增强规则制定能力、议程设置能力、舆论宣传能力、统筹协调能力。那么，什么是全球治理能力？吴志成、王慧婷认为，国家的全球治理能力主要表现为国家为有效解决全球性问题而主动提供全球公共产品的素质和技能，包括硬能力、软能力和综合运用软硬能力的巧能力三个方面，由此，规则制定能力、议程设置能力、舆论宣传能力可以归为软能力，而统筹协调能力可归为巧能力。他们分析指出，我国存在参与全球治理的硬能力相对欠缺、软硬能力发展不平衡、在全球治理中的主导和引领能力不足等问题，为此，需要采取的措施包括构建和完善全球治理人才培养体系。

习近平总书记指出，参与全球治理需要一大批熟悉党和国家方针政策、了解我国国情、具有全球视野、熟练运用外语、通晓国际规则、精通国际谈判的专业人才。由此可见，全球治理所需要的专业人才不仅需要能熟练运用一门甚至多门外语，还需要具备复合型的知识、能力与素质。与此相应，北京师范大学教育学部专家组通过实证研究，总结出全球治理人才应具备价值认同、思维方式、个性特质、交流能力和专业知识五个方面的综合素质。但是，具备这种综合素质的全球治理人才非常匮乏，这也反映在我国目前能够直接参与国际组织和国际机制运作的人员依然很少．有报道称，国际主要机构中的中国雇员比例不到3%，这与我国的全球影响力及参与全球治理的需求并不相称。

鉴于全球治理人才的复合要求，我们应打破学科、专业界限，不能只是从通行的国际关系学科出发来探讨全球治理人才的培养，而应考虑将外语学科下的国别区域人才培养与我国参与全球治理的需求结合起来。

（三）国别区域人才培养的现状与讨论

我国的国别区域研究从20世纪五六十年代的第一批国际问题研究所的设立起步，经过改革开放后的长足发展，尤其是进入21世纪以来，伴随着中国在世界上的崛起，服务于国家外交战略的需要，实现了量和质两方面的飞速发展。

2016 年，国务院办公厅印发的《关于做好新时期教育对外开放工作的若干意见》指出，要将国别和区域研究人才列入"五类人才"加快培养。而为配合新时期教育对外开放工作，外国语言文学学科的内涵在语言学、文学、翻译学、跨文化研究的基础上已经在向国别和区域研究方向拓展。

2011 年，教育部推出"国别和区域研究培育基地"项目，不少培育基地设在外国语类院校，这给外语学科的国别和区域研究的发展带来了新的推动力。有一些高校已经在率先试点国别和区域研究的学科化，如广东外语外贸大学于 2009 年就在外国语言文学学科下设立了欧洲学硕博学位授权点，北京语言大学从 2014 年起在外国语言文学一级学科下自设了"国别和区域研究"二级学科，还有一些高校如同济大学的外语学科也在做相应的学科方向增设。

至于国别和区域研究的内涵，国务院学位委员会第六届学科评议组给出了一个大致的界定："借助历史学、哲学、人类学、社会学、政治学、法学、经济学等学科的理论和方法，探讨语言对象国家和区域的历史文化、政治经济社会制度和中外关系，注重全球与区域发展进程的理论和实践，提倡与国际政治、国际经济、国际法等相关学科的交叉渗透。"

但是，学界对于国别和区域研究的内涵迄今并未达成一致，唯一的共识是，国别和区域研究是一项多学科、跨学科的研究，需要多学科之间的交叉渗透。鉴于此，有的学者认为，国别和区域研究要实现可持续发展，必须发展成为独立的学科，应采取一种整体观方法论，将散落在各学科内的知识重组整合形成以实体对象（指国别和区域）为核心的全面知识体系。但是，由于国别和区域研究要统筹运用人文社会科学各个学科的理论来进行全面、系统的研究，其本身并没有独立于其他学科的理论与方法，国务院学位委员会学科评议组的界定里也使用的是"借助"其他学科的理论与方法，而且其内容过于庞杂，所以，单独成为一级学科不太现实。除了外国语言文学，也有学者建议在历史学或政治学一级学科下设置国别和区域研究。例如，上海外国语大学在已有自设二级学科"中东研究"的基础上继续在政治学一级学科下设"区域国别研究"二级学科博士点。一个最新的尝试是，若干高校自主设置了国别和区域研究类的交叉学科，如北京外国语大学的区域学、亚非地区研究，浙江师范大学的非洲学、非洲教育与社会发展等。

由此产生的一个问题是，外语学科下设置的国别和区域研究与其他学科下的国别和区域研究有何不同，或者说有何优势？本节涉及的是外语学科培养的"外语 + 国别和区域研究"的复合型人才应具有怎样的优势。这里首先要探讨的是"复合"的含义。蒋洪新指出，今天的复合不是过去外语仅作为载体而与其他专业之间的简单结合，而是在坚持人文教育价值取向的基础上，有效整合自身优势资源，强化学科专业之间的相互支撑，实现与其他学科专业的内在勾连和深度融合，深入推进外语教育供给侧改革。由此，外语学科下的国别和区域研究仍可以而且应该坚持自身学科的主体性，这也是与国家外语能力建设从工具范式和文化范式转向资源范式相呼应的。毋庸置疑，在解释国际问题的过程中，语言和文化是一个很重要的诠释路径，事实上，国际关系学科也在越来越多地"借用"诸如语言和话语的分析方法，而这本应是外语学科的优势。在其他学科渗透外语学科的背景下，外语学科更不能故步自封，否则只会被挤压需求空间。这不仅是适应国家需求的变化，也是新时期各学科的共同发展趋势。而且，正如李晨阳明确指出的，人们不能只研究某个国家或地区政治、外交、军事、安全等问题的现状，而是必须首先懂得这个国家或区域的语言、历史、文化、宗教，然后才能发现这个国家或地区当下政治、外交行为背后的规律性和深层次原因。因此，参照孙吉胜的思路，"外语＋国别和区域研究"的复合型人才应"在不削弱外语专业人文特性、不降低学生人文素养、不影响语言水准的同时，按照外语加专业、外语加辅修的复合型人才培养模式，遵循语言主导、专业渗透、方向交叉的原则，使学生不仅具有扎实的语言基本功，还具有相关专业知识"。当然，不应该苛求学生所复合的专业水平达到与国际关系专业学生同等的水平，但是应该让他们了解和掌握所复合专业的核心基础理论和方法，以便在必要时能够自行深化。

外语学科从事国别和区域研究的其他优势在于，它更有条件和禀赋走"多语种"的路径，这不仅是多掌握一门外语的增量，而且很可能开拓了对另一个对象国和区域的认知和研究，由此也增加了在各个国别和区域之间展开比较研究的条件。

美国学者理查德·兰姆伯特指出，"严肃的地区研究专家的一般标准是：该学者已掌握了所研究地区大量确凿的信息，具备较高的该地区语言的运用能力，具备广泛的、最新的直接接触该地区的经验"。外语学科尤其是非通用语种的学生相较于其他学科，对于获取对象国和区域的资料渠道更为熟悉，对一手文献的掌握也会更加充分，海外的阅历也相应更加丰富，开展一手实地调研的条件也更加有利。

二、国别区域人才培养的不足及改进建议

为满足我国参与全球治理的需求，我们需要培养大量的全球治理领域的专业人才。考

虑到这类人才的综合素质要求，理想状态是设立跨学科的全球治理研究院或全球治理人才项目来专门培养全球治理人才。但是，在我国总体上以学科为主轴进行评估及人才培养和资源配置的背景下，我们更需要考察特定学科下的人才培养如何能更好地满足我国参与全球治理的人才需求。

（一）国别区域人才培养的不足

如前所述，我国外语学科下的国别和区域研究取得了长足的发展，像上海外国语大学更是以建成"国别区域全球知识领域特色鲜明的世界一流外国语大学"为办学愿景，但是，从全球治理视域出发，我国外语学科的国别区域人才培养仍然存在着以下不足。

第一，国别区域人才培养常常局限在单个国别或区域的知识，缺少跨国别、跨区域以及全球层面的知识。国务院学位委员会学科评议组对"国别和区域研究"的范畴界定中提到要"注重全球与区域发展进程的理论和实践"，但不少高校外语专业出于已有条件和突出优势的考虑，将知识的传授局限在单个国别或区域。而全球治理的知识超越了国别和区域知识，后者追求的是单个国别或区域的地方性、精细化的具体知识，而前者是在对比抽象各种国别和区域现象共性特征的基础上追求普适性、规律性的一般知识；后者的视域相对微观，而前者着重研究带有全球性特点的重大理论和现实问题，比较宏观。对于我国有效参与全球治理来说，这两个方面的知识都需要，因为全球治理除了依托国际组织和国际机制进行，也需要开展与特定国家和区域在全球治理方面的双边合作，由此，掌握特定国别和区域的深入和全面的知识对于全球治理无疑是非常有助益的。然而，如果学生的知识范围和视域只是局限在单个国别和区域，他们就会常常从研究的对象国和区域观察和分析全球问题，导致"只见树木，不见森林"的状况。

第二，国别区域人才对党和国家政策熟悉程度不够，对我国国情了解不够。外语学科学生的一个显著特点是对国外的知识和情况富有好奇心、敏感性，但是对我国的历史和发展则缺乏足够的关注和深入的了解。如此一来，学生就没有能力将我国的全球治理观及实践客观、生动地传递到国外，缺乏与西方错误认知和有意曲解进行辩驳的能力，也无法有效履行讲好中国故事的使命。

第三，在国别区域人才培养过程中对自身外语学科的优势缺乏重视和体现。各高校外语学科的国别和区域研究目前往往注重与其他学科，如国际关系学科的交叉渗透，对于本学科可以基于语言在国别和区域研究方面做哪些拓展认识不足。甚至有些高校的外语院系由于缺乏培养复合型人才的合格师资，调入了一批没有能力从事外语教学的国际问题研究人员，然后以他们的研究成果来支撑外国语言文学一级学科之下的国别和区域研究方向，这只能是权宜之计。鉴于政治学学科下也在培养全球治理所需人才，如果不能凸显外语学科的人才培养优势，我们就不能更好地从多学科角度培养全球治理所需人才。

第四，国别区域人才培养重视知识的传授，而在能力和素质培养上存在缺陷。虽然熟练运用一门乃至两门外语对外语学科学生来说不是难事，但是，把这一要求放到全球治理的场景里情况可能就完全不同了，这是因为学生在培养过程中，其与全球治理相关的专业外语知识未必得到了充分的积累和习得。梅德明提出外语人才应形成构建人类命运共同体所需要的情感、态度和价值观，发展全球胜任力，"这种胜任力不仅是语言沟通能力，更是从多个角度审视、分析、理解、评判并积极回应全球和跨文化议题的能力，还包括要了解不同观念产生的历史地理和社会文化原因，理解差异性对认知能力以及元认知策略的影响，与不同文化背景的人进行开放、恰当、有效互动的人文交流与合作的能力"。这些能力和素质是参与全球治理的国别区域人才所必需的，但是，由于缺乏合格的师资、教材、实践场所等原因，这些能力和素质的培养在现阶段还有很大不足。

（二）若干改进建议

第一，要从战略角度做好全球治理所需的国别区域人才的规划。

外语学科的国别区域人才培养的目标不应只是某个领域或某几个领域的"国别通""区域通"，而应是某个领域或某几个领域的"全球通"，只有这样，才能为我国未来参与全球治理的人才供给提供有力支撑，才可以通过更好地服务国家战略需要为自身学科发展开拓更宽广的疆域。2018 年 6 月，习近平在中央外事工作会议上强调，"把握国际形势要树立正确的历史观、大局观和角色观。这是对外事干部的要求，但在笔者看来，外语学科培养的国别区域人才也需要有正确的历史观、大局观和角色观。具体而言，国别区域人才应善于运用历史眼光认识一个国别和区域的发展规律、把握其发展趋势；应在看清国别和区域的现象和细节的基础上，把握全球治理的本质和全局；应把从中国看世界与从世界看中国两种视角统筹起来，弄清楚在世界格局演变中我国的地位和作用，从而更好地理解我国的对外方针政策，包括我国的全球治理观。

第二，国别区域人才的培养应"通专结合"。

"通"是指学生既要掌握国别和区域的基本理论和知识，还要习得全球治理的基本理论与知识；"专"是指学生可以在某一个或某一些国别和区域研究上深入下去，或是专攻某一个或某一些全球治理领域。在课程设置上，院校要按高年级本科、硕士和博士递进深入的原则，开发若干门针对致力于不同国别和区域研究及全球智力共享的专业课程，如国别与区域学导论、国别与区域研究理论与方法、全球治理导论等。目前国内虽有类似课程和教材，但基本上都是从国际关系学科视角出发，多学科、跨学科的教材和教程亟待开发。在因地制宜、因校制宜形成各自特色方面，由于国别和区域研究及全球治理涉及的学科非常广泛，如涉及能源、环境、气候等工科专业，各高校可以与自己的强势学科（包括工科）结合，真正做强某一议题领域的人才供给。

第三，要"请进来、走出去"，拓宽国别区域人才的全球视野。

例如，国别区域人才可以充分利用教育部的"国际区域问题研究及外语高层次人才培养项目"，申请到从事全球治理研究的机构进行研修。此外，培养单位还应利用各类外专项目，邀请海外的国别和区域研究学者和全球治理研究学者来华访学，向国别区域人才提供专题讲座或集中式模块课程。另外，我们还应借鉴其他大国在国别区域人才服务于全球治理过程中的经验。

第四，国别和区域领域的基础研究和应用研究导向应相结合。

我们应培养学生不要盲目地以为对象国或区域的当地知识就是准确的或权威的，而应对国外学者"当地知识"的立场性和客观性展开更具能动性的辨析，这是因为"当地知识"不可避免地受到对象国国内权力结构和国际知识生产背景的共同塑造；要培养中国学生在国别和区域研究上的学术自信，要让中国学生认识到，基于中国本土经验和独特视角，结合中国的丰富历史和现实，有可能提出由西方经验而得出的理论的"例外"，而恰恰是这些"例外"，可以修正或发展现有理论或建立新的理论；与此同时，要加强与实务部门，如参与全球治理的机构的对接，争取到有关涉及参与全球治理的决策部门实习或短期交流，参与国别和区域研究项目、全球治理研究项目，以项目实施推动人才培养，最终实现在研究中学习、在实务中学习。

近年来，我国高校外语学科大力发展国别和区域研究，培养"外语＋国别和区域研究"的复合型人才，不仅践行了高校服务党的治国理政的使命，而且拓宽了外语学科的内涵与外延。然而，从我国参与全球治理的视域出发，国别区域人才不应只具有国别和区域视角，而应站得更高、看得更远，要具备未来参与全球治理的知识、能力和素质，只有将"从上至下"和"从下至上"的视角或者说将"宏观"与"微观"的视角相结合，才能更接近"全球知识体系"。与此同时，外语学科应坚持自身的资源优势与其他学科的优势有机融合，真正促进我国多学科、跨学科国别区域人才的培养，推进我国参与全球治理，为构建人类命运共同体做出更大的贡献。

第四节　外语学科的国别区域研究方向及其人才培养

2013 年 4 月，国务院学位委员会办公室发布了由第六届学科评议组编写的《学位授予和人才培养一级学科简介》。《学位授予和人才培养一级学科简介》对新形势下各学科的相关要素进行了界定和规范，将以前以二级学科为主的学科架构调整为以一级学科为主，目的在于进一步拓宽人才培养口径，促进学科交叉融合。其中，在"0502 外国语言文学"部分，学科评议组将外国语言文学的研究对象确定为外国语言研究、外国文学研究、翻译研究、国别与区域研究、比较文学与跨文化研究。其中，国别与区域研究是新增方向。多年来，外语学界虽然对外语学科的国别与区域研究方向做了一系列探索，但在诸多方面仍没有达成共识。鉴于此，笔者结合自身的研究与教学实践，对外语学科国别与区域研究方向设置的原因、学科概念、学科内涵、学科属性、人才培养模式等进行了认真的思考，提出了一些自己的看法，以便求教于方家。

一、外语学科增设国别与区域研究方向的原因

根据 2013 年 4 月公布的《学位授予和人才培养一级学科简介》，外国语言文学学科增设了国别与区域研究方向，这使外语学科成为首个也是迄今为止唯一将国别与区域研究明确纳入自己学科体系的一级学科。我们知道，一个学科要增加自身方向无外乎两种动因：一种是内在动力，即内因，这是主要的；另一种是外在动力，即外因，这是次要的。笔者认为，将国别与区域研究方向纳入外语学科体系是这两种动因联合作用的结果。

（一）增设国别与区域研究方向由外语学科自身发展的规律所致

学科的发展是一个连续的过程。某个学科在其核心方向发展成熟之后，必然会向周边方向发展。作为一个历史悠久的一级学科，经过多年的发展，外国语言文学的语言学、文学等本体领域无论是在研究深度上还是在研究广度上都较之前有了长足的进步。这种进步所带来的结果就是学科方向开始溢出核心领域，向毗邻的周边领域扩展。

回顾外国语言文学学科的发展历史，我们发现外语学科的研究领域经历了一个由简

至繁的过程，学科覆盖范围也从本体研究领域扩展到与本体密切相关的周边领域。20 世纪 50 年代，我们学习苏联经验，对高等院校院系进行调整，以学科为考量因素，成立了许多单科性的专门学院和专科学院。那时的外国语言文学学科仅有两个本体方向：外国语言方向和外国文学方向。20 世纪 80 年代，随着学术的繁荣和学科的发展，外国语言文学学科开始向语言、文学以外的邻近领域扩展，翻译理论与实践就是在这种情况下被列为二级学科的。20 世纪 90 年代中期，外语学科又有了扩展研究领域的冲动，开始瞄准外国文化。作为尝试，许多学校把外国语言文学专业改称外国语言文化专业。文化成为外语拓展的新领域。而正式要求将外国文化研究列为二级学科是在 2007 年 11 月中旬于北京语言大学召开的全国外语院校协作组第 22 届年会上。当时，对外经济贸易大学副校长林桂军教授提出外语的学科体系要与时俱进，要反映外国语言学习与文化、国情相结合的学科设置理念。为此，他提议在外国语言文学一级学科下增设"外国文化研究"二级学科。这个提议得到了与会代表的一致响应，会议专门为此发出倡议。应该说 2013 年在外国语言文学学科下设置国别与区域研究方向就是对这一倡议的采纳，这是由学科发展的内在规律所致。

（二）增设国别与区域研究方向是社会发展对外语学科的客观要求

1978 年我国实施改革开放政策以来，对外交往日益增多。进入 21 世纪，特别是自 2013 年我国提出"一带一路"倡议以来，我国与其他国家在政治、经济、社会、文化、科技、教育等领域的交流呈现井喷式增长势头。我国在多个领域与其他国家开展了卓有成效的合作，国家软实力因此得到了极大的提升，国家利益也得到了极大的拓展。作为全球性大国和世界第二大经济体，我国业已建立起符合自身特点的大国外交体系，形成了"大国是关键、周边是首要、发展中国家是基础、多边是重要舞台"的全方位外交布局。对外交往频率的提高和全方位外交布局的形成需要学术界提供新的、系统科学的相关知识，特别是国别与区域知识。外语学科由于熟悉对方语言、了解对象国和地区的文化，对相关国家和地区的认识直接、全面，不存在因语言沟通不畅而出现信息传递失败的情况，具备研究语言对象国和地区各种情况的便利条件。因此，外语学科增设国别与区域研究方向符合社会发展的客观需求。

（三）增设国别与区域研究方向是拓展外语人才培养目标的需要

当今时代飞速发展，人才需求较往日更甚。传统型外语人才由于外语基本功扎实、外语技能水平较高，深受用人单位好评。但随着中国特色大国外交战略、中国企业"走出去"战略等的全面推进，传统型外语人才知识结构单一、文学性有余而应用性不足的弱点充分暴露出来。外语好、知识面宽、沟通能力强的国际化人才成了社会热捧的对象。2010 年 5 月 5 日，国务院常务会议审议通过的《国家中长期教育改革和发展规划纲要（2010—2020 年）》提出，要"适应国家经济社会对外开放的要求，培养大批具有国际视野、通晓国际规则、能够参与国际事务和国际竞争的国际化人才"。这给外语专业人才培养指明了一条新路。

其实，外语人才具有外国语言文学基础、扎实的外语功底、良好的文化沟通能力，本身就具备国际化人才的基本素养。在新的历史条件下，随着社会对外语人才要求的提高，外语专业要以"会语言、通国家、精领域"的核心能力培养为抓手，加强对学生的人文素养教育和跨文化沟通能力培养。打造涉及多语言能力、国别与区域知识综合能力的教学体系，实现对跨学科知识体系的构建，培养符合社会需要、一语多能、多语多能的宽口径、复合型外语人才成为必然选择。因此，将国别与区域知识和其他相关知识纳入培养外语人才的体系，成为拓展外语人才培养目标的重要方面，符合社会各界对外语人才培养目标拓展的期待。

简言之，外语学科国别与区域研究方向的设立符合外语学科自身发展规律，是国家对外开放和大国外交发展推动的结果，也是对新文科背景下教育部门对外语人才培养目标拓展的积极回应。

二、国别与区域研究方向的内涵及其外语学科属性

（一）国别与区域研究方向的内涵

一般认为，独立的学科方向应具备以下三个要素：一是研究的对象或研究的领域；二是理论体系；三是方法论。《学位授予和人才培养一级学科简介》对外语学科的国别与区域研究方向是这样定义的："国别和区域研究借助历史学、哲学、人类学、社会学、政治学、法学、经济学等学科的理论和方法，探讨语言对象国家和区域的历史文化、政治经济社会制度和中外关系，注重全球与区域发展进程的理论和实践，提倡与国际政治、国际经济、国际法等相关学科的交叉渗透。"国别与区域研究的基础知识包括相关国家的历史、政治、经济、社会、文化、国际关系等知识。

王缉思认为，国别与区域研究方向可按空间、历史、文化和社会四个维度进行划分。他认为第一个维度需要自然科学学者参与，历史学者、人文学者、社会科学学者则分别集中于后三个维度。对此，笔者并不赞同。笔者认为，学科领域的划分并不需要采用四维分法，用简单易行的地理空间、方向领域二维分法即可。

从地理空间来看，外语学科国别与区域研究方向可以拆分为国别研究和区域研究两部分。"国别研究"，顾名思义，是按国别进行的研究，如美国研究、英国研究、日本研究、印度研究等。国别研究除了可以按国家进行研究外，还可以就某个国家的某一地区进行研究，如越南湄公河三角洲地区研究。"区域研究"是指大于国家的地理区域研究，一般以"洲"为单位，如亚洲研究、非洲研究、拉美研究等。区域研究还可以就某个"洲"内部大于国家的地理单元进行研究，如中东研究、北非研究、加勒比地区研究等。需要说明的是，地区性国际组织研究也可以是区域研究的内容。

从方向领域来看，国别与区域研究方向可以与哲学、经济学、法学、政治学、社会学、民族学、教育学、心理学、考古学、历史学、地理学、战略学、美术学等人文社会科学发生联系，形成带有地理空间属性的方向领域研究，如日本社会研究、东南亚经济研究、欧洲民族研究等。从内容来看，它涉及历史、地理、民族、人口、社会、文化、艺术、宗教、习俗、政治制度、外交、经济、军事与国防、安全、科技、教育、体育、传统思想等主题，可以与方向领域结合形成更为细小的专题，如欧洲执政党研究、东亚儒家思想研究、美国印第安人文化研究等。

从时间维度来看，各个专题又可以进行历时性研究、共时性研究，还可以对未来发展进行预测分析，如"20世纪90年代马来西亚海洋经济发展状况研究""当代马来西亚海洋经济：国家策略与制度建构研究""未来五年马来西亚海洋经济发展态势研究"等。

另外，从研究范式来看，国别与区域研究方向可以分为整体性研究和领域性研究两种类型。整体性研究是把研究对象的各构成要素看作一个有机整体而进行的研究，属于第一层次的研究，其特点是以地理空间维度为首要考量因素，一般为穷尽式研究。外语学科国别与区域研究方向的整体性研究包括国别研究和区域研究两个部分，如整体性研究中的"美国研究"应包括美国的政治、经济、社会、自然和人文等部分，是全面的基础性研究。但以学科维度为考量因素的整体性研究，如政治学研究、历史学研究等，则不是国别与区域研究，不属于国别与区域研究范畴。领域性研究是指将一个国家或区域范围内的某个学科领域作为研究的主体而进行的专门研究，属于第二层次的研究。这种研究由地理空间主导，将学科领域限定在某一具体的国家或地区范围内，具有主题研究的地理空间从属性，如当代加拿大政治研究、亚太经济发展研究、东盟安全共同体研究、南亚基础设施建设研究等。这类研究与政治学、历史学、民族学等学科下的国别与区域研究不同，是从属于国别与区域的领域性专题研究，研究角度和切入点与政治学等学科下的国别与区域研究完全不同。

简言之，外语学科国别与区域研究以地理空间为经，以方向领域为纬，将对象国和地区的相关领域纳入自己的研究范围，并由此形成一个开放的学科体系。笔者认为，外语学科国别与区域研究在理论方法、范式路径上不需要也不可能强求统一。但鉴于该学科方向存在立场、观点和意识形态之争，所以我们在进行国别与区域研究时要有中国视角，要坚持中国立场，重视外语在研究中的人文性，重视调查研究，将国家利益放在首位，以更好地服务于国家经济建设和实施对外开放战略。

（二）国别与区域研究方向的外语学科属性

学科属性是指学科的本质特性，它是以所涉对象与研究内容为考量因素进行的学科类别认定。从所涉对象与研究内容来看，国别与区域研究属于外国问题研究，涉及多个学科、多个领域。涉外和跨学科性是其主要特性。具体来说，国别与区域研究方向的外语学科属性可以从以下几个方面来看。

从研究对象来看，对对象国和地区等实体对象的研究是国别与区域研究的重点。也就是说，任何国别与区域研究都必须在一定的国家、一定的地区范围内进行，这是由研究对象所决定的。从研究内容来看，对象国和地区的历史、文化、政治、经济、社会制度等是研究的主体，它们构成了立体化的国别与区域知识体系。从研究手段与研究工具来看，以外语（特别是对象国语言）作为第一手段和资源获取主要工具的研究占有特别大的比重。外语学科国别与区域研究以对象国语言为工具进行文献收集、事件调查，减少了信息的流失，提高了研究的可信度。从研究视角来看，研究者因为熟悉对象国和地区的语言文化，了解对方民众的思维方式，可以在研究中进行换位思考，可以进行近距离、参与式观察，能够发现对象国文化与某一主题所涉事件、过程、要素之间的内在联系，提高了研究的清晰度，从而可以避免单一视角和西方中心主义对研究造成的干扰。从方法论来看，国别与区域研究融合了包括语言文学研究方法在内的多种人文社科研究方法，如历史比较法、结构分析法、功能分析法、综合分析法、文献分析法、语料库驱动法、田野调查法等，强调从微观到宏观的研究路径，从具体问题入手，以点带面、以小见大。另外，它还强调基础研究对具体问题研究的指导，强调外语原文本土材料为理论概括和宏观叙事提供了丰富的资料。

笔者认为，外语学科国别与区域研究方向能够将"基于本土"的知识和见解上升为理论化、规律性的认识，覆盖了其他学科国别与区域研究盲区，具有研究上的优势。比如，在中东问题研究领域，彭树智提出了"文明交往理论"，构建了中国中东史研究的理论体系和基本框架；王京烈针对中东政治先后提出"三大要素说"和"不稳定结构理论"；澳大利亚学者戴维·基尔卡伦（Daivd Kilcullen）通过观察美国在伊拉克和阿富汗的军事行动，近距离了解伊斯兰世界的村庄、部落和市民的文化传统、身份认同与信仰体系，提出了"意外的游击战"理论，用于指导全球反叛乱行动。这三位学者都精通阿拉伯语，熟悉阿拉伯文化，能在观察当地情况的基础上提出涉及事物发展规律的理论，这表明了"基于本土"知识的重要性，也间接说明了国别与区域研究具有外语属性。任晓指出，社会科学的知识和理论在一定程度上是本土的，或者说首先是本土的，但本土知识可以具有全球意义。

在推进外语学科国别与区域研究方向建设的过程中，我们并不否认其他学科也可以进行本学科的国别与区域研究。笔者认为，外语学科与其他学科在国别与区域研究方向上是互补关系。因此，我们要发挥外语学科的人文优势，学习其他学科的经验方法，吸收其他学科的先进理论，提倡国别与区域研究中的宏观视野和全球视角，将当地知识放在全球背景下审视，从"当地"走向"全球"，以确保外语学科国别与区域研究方向的独特性和不可替代性。

（三）如何突出国别与区域研究方向的外语学科属性

目前，许多一级学科都有自己的国别与区域研究。特别是政治学、外国语言文学、世界史这三个学科，其国别与区域研究之间的相似度非常高。外语学科如何突出外语属性、拉开与其他学科在国别与区域研究上的距离，一直是困扰外语界的难题。笔者认为，解决这个问题还要从语言着手，因为外语学科的国别与区域研究是基于语言的拓展性研究，一旦脱离了语言，学科体系和人才培养就失去了依靠，没有了优势。突出国别与区域研究方向的外语学科属性需要做到以下两点。

一是在学科方向建设中保持和发扬外语的人文性。我们知道，语言是文化载体的核心，也是文化的组成部分。就外语学科而言，其研究的本体为语言、文学、文化，与历史、文学、哲学等相关学科关系密切，人文性明显。由于语言习得过程本身包含情感介入，通过学习对象国的语言，外语人才能够深入了解当地的文化、价值和思维方式，可以形成更为全面和深刻的认知，从而能从"外部观察"转变为"参与式对话"，因而具备更强的换位思考能力和话语分析能力，能够加深对研究主题的理解，取得更好的研究成效。

二是在研究中充分利用外语的工具性。我们知道，世界上国家众多，有的国家不仅使用本国和本地区的通用语，还有可能使用多种少数民族语言。单纯利用英文资料、使用社会学科具有普遍性的知识理论来解释当地的情况存在局限性。顾炜认为，掌握研究对象的独特语言对于开展国别与区域研究十分重要，因为阅读一手资料能够减少误读，使研究结果更加准确。王缉思认为，要成为区域问题研究专家，须通晓英语之外的一门外语（如阿拉伯语、俄语）。因此，外语特别是非通用外语，作为获取当地知识的重要工具，在国别与区域研究中十分重要。

三、外语学科国别与区域研究方向的人才架构与培养目标

（一）外语学科国别与区域研究方向的人才架构

笔者认为，外语学科国别与区域研究方向的人才架构主要由知识架构、能力架构、个人素养三方面构成。知识架构包括多语种知识、国别与区域知识、多领域知识。多语种知识是外语人才的基本知识；国别与区域知识是国别与区域人才的核心知识；多领域知识是专业领域和相关学科知识。能力架构包括文化理解能力、跨学科能力和创新能力。文化理解能力是基于语言人文性和工具性对当地文化的理解能力，是外语学科国别与区域人才的核心竞争力。跨学科能力是以多语种知识和多领域知识为基础，旨在实现二者深度融合的能力。创新能力以扎实的外语基本功和多领域知识为基础，是运用创造性思维发现、分析、解决重大问题的能力。国别与区域人才的个人素养包括人文素养、科学素养和信息素养。人文素养是对人类生存意义和价值的关怀，也是外语学科的标志性特征。科学素养是对科学知识、方法的理解与认识，是国别与区域人才素养的核心。信息素养是对信息的判断、检索、评价和利用的水平。在外语学科国别与区域人才的构成中，中国情怀和国际视野是人才的底色，国别与区域知识的中国体系是人才架构的核心，它们相辅相成、缺一不可。

（二）外语学科国别与区域研究方向的人才培养目标

人才培养是大学的主要任务和核心职能。在高校学科建设中，人才培养始终处于中心位置。2018 年 1 月 30 日，教育部发布了《普通高等学校本科专业类教学质量国家标准》（以

下简称《国标》），该标准涵盖了 92 个本科专业类的所有 587 个专业，对外国语言文学类专业的培养目标也提出了明确要求。《国标》规定："外语类专业旨在培养具有良好的综合素质、扎实的外语基本功和专业知识与能力，掌握相关专业知识，适应我国对外交流、国家与地方经济社会发展、各类涉外行业、外语教育与学术研究需要的各外语语种专业人才和复合型外语人才。"

结合外语学科国别与区域研究方向的内涵，以及"一带一路"建设和国家与地方社会、经济、文化发展对外语人才的要求，笔者认为，外语学科国别与区域研究方向的人才培养目标应该是培养为适应我国对外交流，满足国家和地方社会、经济、文化等发展需要的，具有国际视野和中国立场、热爱祖国、精通外语、熟悉外国国情、了解外国文化、有跨学科知识结构、能体现外国语言文学学科和国别与区域知识相结合的，拥有跨文化交际能力、能够参与国际事务、通晓国际规则、能够研究和处理语言对象国和地区整体情况或特定领域相关情况的多元化、复合型人才。这种人才既有厚实的国别与区域知识、专业领域知识和相关学科知识，又精通英语和相关对象国语言，具有良好的身心素养、较强的创新精神和创新能力，能够胜任对象国和地区整体研究和专门领域研究工作。

笔者认为，在外语学科国别与区域人才培养的过程中应该坚持以下三点：一是国别与区域人才的培养应强调全球视野与中国立场相结合，强调能力、知识与人格塑造相结合，要培养学生的中国情怀和国际视野，要在促进个性化发展的基础上坚定其信念、完善其人格，建立起中国知识体系。罗林、邵玉琢认为，国别和区域研究的定位与布局要把握国际视野和中国特色的辩证关系。这就意味着我们在外语学科国别与区域人才培养上要坚持"一内一外"的原则。"一内"就是在研究对象国时要坚持中国立场，要有中国情怀，在研究外国问题时能提出中国方案。"一外"就是要有全球视野和跨学科眼光，不能局限于一时一地，要进行综合性研究、全方位考察，把问题看清摸透。二是要培养学生"多语种＋"的能力。笔者认为，外语学科国别与区域人才不但要在外语听、说、读、写、译等基本技能上过关，还要在人文素养和跨文化交际能力上胜人一筹，要对接国家战略，发挥外语学科的语种优势和国别与区域研究方向的跨学科优势，帮助学生构建科学、系统的人文社会科学知识体系，打造高质量的国别与区域知识综合能力。三是要追求外语工具性和人文性的统一，要优化学生的知识结构，强化其知识体系，培养其创新能力，通过机制创新实现人才的快速成长。

笔者认为，外语学科在国别与区域研究方向人才培养目标的制定过程中，要树立知识、能力、素质并重的理念，将人才培养目标与人才培养类型挂钩，使各类人才的知识构成与相应的课程体系相配套，培养学生的自主学习、终身学习意识，实现学生能力、水平和素质的全面提升。

四、外语学科国别与区域研究方向的人才培养类型与规格要求

（一）外语学科国别与区域研究方向的人才培养类型

外语学科国别与区域研究方向的人才培养类型可以先从人才使用定位的角度进行划分，分为应用型人才、应用研究型人才、研究应用型人才和研究型人才四类；然后再从学科整体性与领域性的角度进行划分，分为国别与区域通才、国别与区域专才两类。由于外语学科国别与区域人才的培养贯穿外语专业高等教育的全过程，因此在分类时也应考虑人才培养的阶段性。

1. 本科阶段国别与区域人才的培养类型

本科阶段国别与区域人才的培养可以分为八类，分别是应用型国别与区域通才、应用型国别与区域专才、应用研究型国别与区域通才、应用研究型国别与区域专才、研究应用型国别与区域通才、研究应用型国别与区域专才、研究型国别与区域通才、研究型国别与区域专才。这一阶段的国别与区域人才的培养以第一类、第二类居多，鲜有第七类、第八类，第三至第六类人才的培养也很少。

2. 硕士研究生阶段国别与区域人才的培养类型

硕士研究生阶段国别与区域人才的培养也可以分为八类，即应用型国别与区域通才、应用型国别与区域专才、应用研究型国别与区域通才、应用研究型国别与区域专才、研究应用型国别与区域通才、研究应用型国别与区域专才、研究型国别与区域通才、研究型国别与区域专才。这一阶段培养的国别与区域人才以第三类至第六类为主，其他各类人才也进行了少量培养。

3. 博士研究生阶段国别与区域人才的培养类型

博士研究生阶段国别与区域人才的培养也可分为八类，即应用型国别与区域通才、应用型国别与区域专才、应用研究型国别与区域通才、应用研究型国别与区域专才、研究应用型国别与区域通才、研究应用型国别与区域专才、研究型国别与区域通才、研究型国别与区域专才。这一阶段培养的国别与区域人才以第七类、第八类为主，第三类至第六类人

才也进行了少量培养。

大体上来看，本科阶段以培养具有扎实外语功底的应用型国别与区域人才为主，研究生阶段以培养精通多门外语、能够掌握并运用其他学科理论进行研究的研究型国别与区域人才为主。同时，本科阶段也可以培养一定数量的初级研究型国别与区域人才，研究生阶段也可以兼顾培养一定比例的高级应用型国别与区域人才。在各阶段，多种类型的人才培养相互交错，共同推动了国别与区域人才培养水平的提高。

（二）外语学科国别与区域研究方向的人才培养规格

从人才性质上来看，不同类型的国别与区域人才在培养规格的要求上不尽相同。

1. 应用型国别与区域人才的培养规格

应用型国别与区域人才在知识架构上强调国别与区域知识的系统性、完整性和应用性，要求有扎实的外语功底，熟悉对象国或地区文化，有丰富的对象国知识和与对象国知识相关的专业技能、职业技能。为了达到这一目标，一方面要促使学生学好外语；另一方面还要督促他们学好对象国知识，并让他们受到良好的职业技能训练，掌握一定的科学方法，养成细致、踏实的优良学风，形成较强的动手能力。在应用型人才培养过程中，应突出人才的应用性，把多语种应用能力，国别与区域知识运用能力，相关专业技能、职业技能的运用能力等作为培养的重点。这里所说的"多语种应用能力"可以是英语、俄语等通用语种与非通用语种的复合应用能力，也可以是相互关联的多个非通用语种的复合应用能力。以以色列方向的国别与区域研究为例，应用型国别与区域人才需要熟练掌握希伯来语、英语或阿拉伯语，熟知以色列政治、经济、历史、文化等方面的国别知识，熟悉中东政治、经济、历史、文化等方面的区域知识，最好能有一段当地的生活经历，有清晰的当地环境态势感知。若能在此基础上具备某一学科技能，如政治学、法律、管理学等，则有望在以文化交流、科技合作、经贸往来等方面发挥更大作用，成为出色的应用型人才。

2. 研究型国别与区域人才的培养规格

研究型国别与区域人才是指具有扎实外语功底、熟知对象国文化、了解对象国的民族性和对华基本认知、具有先进的研究理念和学科优势的以研究见长的人才。在此类人才的培养过程中，要系统地进行跨学科理论与方法的训练，要重视对他们的对外文化理解能力、跨学科能力和创新能力的培养。研究型国别与区域人才注重研究，是某一国别与地区研究的通才或专才，有着自己完整的知识体系，研究问题、把控问题、预测事物发展的能力较强。

以越南方向研究型国别与区域人才为例，首先，需要具备多种外语能力，特别是越南语的运用能力；其次，对越南要有整体了解和领域性的认知，同时具备东南亚相关知识和学科领域专业知识，具有问题思维意识，能够建立起有关越南的整体或专项知识体系，能对具体问题进行深度研究，能够解释过去、阐释现在、分析未来，发挥专家的决策咨询作用。

3. 国别与区域研究方向通才的培养规格

国别与区域研究方向通才应当具备娴熟的多语种运用能力，了解该国或该地区的整体发展状况，能较好地把握该国或该地区的民族文化心理，有完备的对象国或地区知识，有对对象国或地区多学科领域交叉知识的积累，拥有与对象国或地区相关的人文素养，有较强的创新能力和思辨能力，有解释对象国或地区整体情况的中国特色话语体系，能在涉外问题上"出思路、定方向、搞创新、占先机"。在培养此类人才时，应注意对"通"的能力培养，使其形成全面、深刻、整体性强的知识架构，成为某一国别或地区领域无所不知的专家。

4. 国别与区域研究方向专才的培养规格

国别与区域研究方向专才应该是具备多语种运用能力，了解某一国家或地区一个或多个学科领域、通晓该学科领域理论与方法、熟悉该国与地区相关行业情况的专门人才。这类人才的学科基础扎实，学习能力和创新能力很强，能将学科理论运用到对象国与地区相关实际问题的分析与研究中，其专业素养和人文素养深厚，知识架构以学科领域专业知识和行业知识为主。同时，他们对学科整体情况、相关国家与地区整体发展情况也有所了解。在对这类人才的培养过程中，应注意将学科知识的完整性与领域方向的专业性相统一，要将人才"专"的培养放到中心位置，突出一专多能、多专多能的人才定位，早日培养出国别与区域专门领域的顶级专家。

需要指出的是，对外语学科各类国别与区域人才的培养不具有非此即彼的关系。在培养应用型人才过程中，可以掺入研究型人才的培养理念；同样，在培养研究型人才时，也可以增加应用型人才培养的要素。在培养通才时，不排斥专业领域；在培养专才时，也不放弃知识结构的整体性。只有这样，我们才能培养出深受社会欢迎的既通又专的国别与区域人才，以及研究与应用相结合的复合型国别与区域人才。

五、与外语学科国别与区域研究方向人才培养类型相适应的课程体系

人才培养是由课程体系支撑而得以实现的。培养不同类型的国别与区域人才，就需要有与其知识结构形成相匹配的课程体系，因此应增强课程的针对性、实用性，搭建起集通识教育、专业教育和实践教育于一体的课程教学平台。按照《国标》的规定，外语类专业本科阶段的课程结构包括通识教育课程、专业核心课程、培养方向课程、实践教学环节和毕业论文五大部分。在本科课程中，能直接跟国别与区域人才的培养挂上钩的是专业核心课程中的外语技能课程、专业知识课程，以及与核心课程并列的培养方向课程。在这三类课程中，外语技能课程以培养学生外语听、说、读、写、译能力为主，可以对应能力架构中的多语（一般是双语）能力；专业知识课程是与国别研究、对象国知识直接相关的课程，用对象国语言讲授，可以对应能力架构中的国别与区域知识；培养方向课程是有利于国别与区域人才获得某种专业技能以适应全球化需求的关联课程，对应能力架构中的多领域知识。这三个课程模块具有内在统一性。其中，外语技能课程是基础，其水平直接影响着学生对专业知识课程的学习；专业知识课程负责构建学生的对象国和地区基本知识框架，是培养国别与区域人才的支撑课程；培养方向课程则是对本体内容的深度拓展，起着扩大国别与区域人才知识面、夯实其学科领域基础的作用。

笔者认为，和国别与区域人才培养类型相适应的课程体系，可以通才型课程和专才型课程为考量，进行系统分类。在设计课程体系时，要避免因人设课的现象。课程体系的设立要考虑学科属性和整体特征。从经济性和可操作性的角度来看，国别与区域研究方向可以把通才型课程与专才型课程进行线性组合，在本科阶段建立以培养应用型通才为主的课程体系，在硕士研究生阶段建立以培养应用研究型专才或研究应用型专才为主的课程体系，在博士研究生阶段建立以培养高级研究型专才或高级研究型全才为主的课程体系。所有课程在进行体系化设计时，应考虑其外语特性。

笔者认为，国别与区域人才的培养应与其所学外语语种一致，课程体系的设计应基于该外语语种对象国整体知识。以本科阶段缅甸研究方向通才培养为例，与其配套的课程包括外语技能课程、专业知识课程、相关培养方向课程，共38门课程，计132学分。缅甸语国别研究方向的外语技能课程分为缅甸语课程和英语课程两类，其中缅甸语课程包括基础缅甸语、高级缅甸语、缅甸语阅读、高级缅甸语阅读、缅甸语视听说、缅甸语口语、缅

甸语语法、缅汉翻译、缅甸文学、缅甸语写作 10 门；英语课程包括基础英语、英语阅读、英语视听说、英语写作、英汉翻译 5 门。缅甸语国别研究方向的专业知识课程分为整体概况类课程和涉缅专题类课程两类，其中整体概况类课程包括缅甸历史、缅甸人文地理、缅甸民族、缅甸社会、缅甸经济、缅甸文化、东南亚概论 7 门；涉缅专题类课程包括当代缅甸政治与外交、缅甸宗教与社会、缅甸现代化进程研究、缅甸与周边国家关系、缅甸英语报刊时文选读 5 门。缅甸语国别研究方向的相关培养方向课程包括战后东南亚史、东南亚文化发展史、"一带一路"概论、外交学、当代中国外交、现代国际关系史、地缘政治与安全、世界经济概论、国际金融与贸易、国际经济组织、商务谈判技巧等。本科阶段缅甸研究方向专才的培养与通才培养类似，相关课程也分为外语技能课程、专业知识课程、培养方向课程三类。在设计培养专才的课程体系时，一般要将原有的专业知识课程全部调整为涉缅的专门领域课程。如果需要培养缅甸经济研究专才时，可以将所有的专业知识课程调整为涉缅经济类课程，如缅甸行业经济概况、缅甸对外贸易概况、缅甸货币和财政政策、缅甸市场与人力资源等。同时，对少数外语技能课程和培养方向课程也可进行适当调整。

考虑到非通用语种专业的特殊性及实际教学的可操作性，笔者认为培养非通用语国家专才所涉及的类型不必太多，能满足社会的基本需要即可。对不太重要的国家与地区或师资人数较少的非通用语专业，可以将相近领域或行业归并为一个教学方向进行课程体系设计，如将政治与外交归并、军事与安全归并等。这里仍然以缅甸研究方向为例，我们在设计硕士研究生阶段缅甸研究方向专业课程时，考虑到教学的可行性，将相近的两个领域进行合并，设置了缅甸政治与安全方向，共开设 14 门方向领域课程。其中，包括 8 门国别课程，即缅甸国家安全战略研究、缅甸地缘政治关系研究、缅甸外交政策与对外关系研究、缅甸政治制度研究、当代缅甸政党政治研究、缅甸非政府组织与社会思潮研究、缅甸民族问题与少数民族武装研究、"一带一路"与中缅关系研究；6 门区域课程，即东南亚政治制度研究、东南亚地区国际关系、东盟问题研究、东南亚国家安全战略研究、国际政治学原理、国际安全。

参考文献

[1] 杨朝祥.技术职业教育辞典 [M].台北：三民书局股份有限公司，1984.

[2] 翟海魂.发达国家职业技术教育历史演进 [M].上海：上海教育出版社，2008.

[3] 徐国庆.职业教育课程论 [M].上海：华东师范大学出版社，2008.

[4] 石伟平.比较职业技术教育 [M].上海：华东师范大学出版社，2001.

[5] 刘兰明.高等职业技术教育办学特色研究 [M].武汉：华中科技大学出版社，2004.

[6] 孙福全，陈宝明，王伟光，等.产学研合作创新：模式、机制与政策研究 [M].北京：中国农业科学技术出版社，2008.

[7] 张启富.高职院校试行现代学徒制：困境与实践策略 [J].教育发展研究，2015（03）：45-51.

[8] 赵鹏飞.现代学徒制人才培养的实践与认识 [J].中国职业技术教育，2014（21）：150-154.

[9] 刘冉昕.国外现代学徒制职业教育模式的比较研究 [J].辽宁经济，2012（12）：82-83.

[10] 关晶，石伟平.现代学徒制之"现代性"辨析 [J].教育研究，2014（10）：3-7.

[11] 陈少金.中美校企合作教育浅析：基于比较公共行政视角 [J].科教导刊，2012（13）：11，63.

[12] 董美玲."斯坦福—硅谷"高校企业协同发展模式研究 [J].科技管理研究，2011（18）：64-68.

[13] 李松，马瑛，陈前利.高等院校校企"共赢"合作模式分析——基于中国和美国比较 [J].科教导刊，2014（01）：3-4，10.

[14] 刘兴，刘彩琴.中美职业教育校企合作比较分析与我国推进建议 [J].当代职业教育，2014（1）：105-108.

[15] 罗玲玲，李良敏.麻省理工学院媒体实验室创新机制探析 [J].武汉理工大学学报（社会科学版），2015（06）：1184-1188.

[16] 牛司凤，郗海霞．高校与区域协同创新的路径选择——以美国北卡罗来纳州"研究三角园"为例 [J].高教探索，2014（06）：5-10.

[17] 毛道伟，孙侠．模式改革初显成效——人才培养渐成特色 [J].广东科技，2010（19）：16-18.

[18] 林健．校企全程合作培养卓越工程师 [J].高等工程教育研究，2010（04）：7-23.

[19] 孔凡成．国外校企合作办学中的职业教育资源探析[J].天津职业大学学报，2007（04）：89-92.

[20] 朱超云．高等工程教育产学研合作人才培养体制与机制研究 [D].哈尔滨：哈尔滨理工大学，2012.

[21] 宋玲玲．中美两国高等职业教育校企合作的比较研究 [D].河北：河北大学，2015.

[22] 叶东，吴晓．中国式"现代学徒制"[N].中国产经新闻报，2013（02）.